云南省科技厅应用基础研究计划面上项目《基于Markov区制转移的人民币-东盟货币风险溢出效应研究》（编号：2016FB115）

自　序

2010年清迈协议签订以来，中国—东盟自由贸易区内各国的经济金融一体化程度不断提高，人民币汇率与东盟各国汇率的联动性也逐渐增强，形成了具有区域特色的中国—东盟货币圈。近年来，人民币与马来西亚林吉特开通了做市商直盘报价交易，与老挝基普、泰铢、越南盾实现了直接挂牌交易，人民币在中国—东盟外汇市场上的凝聚力逐渐形成。与此同时，人民币国际化战略的实施使得人民币的国际地位不断提升，自2012年以来已连续八年成为全球第五大支付货币、第三大贸易融资货币、第八大外汇交易货币、第六大储备货币，这令人民币在中国—东盟货币圈中的凝聚力进一步增强。但是，2008年次贷危机以来，汇率风险的跨境传染日益引起全球重视，尤其是中国与东盟国家基于紧密经贸关系形成了外汇市场错综复杂的信息传递关联链，使得单一货币汇率的波动风险更易通过跨境传染形成区域性金融风险。对于正值发展关键时期的云南沿边金融综合改革试验区来说，特别需要防范来自东盟国家的汇率波动风险跨境输入，防止货币风险传染扩散对中国—东盟区域性金融市场的稳定造成不良影响，以维护西南沿边金融的稳定，更好地促进人民币在南亚、东南亚地区的国际化。在此背景下，本书将重点研究人民币与东盟货币汇率间的风险溢出效应及汇率风险跨境传导机理。

本书首先分两个层次对相关文献展开综述性研究，一是对关于金融市场风险溢出效应的国内外文献进行了知识图谱分析，明确研究前沿；二是具体针对跨货币风险溢出效应这一前沿领域中的国内外文献进行了定性梳理，确立了本书研究起点。其次，通过描述性统计分析和多结构断点检验对人民币汇率与东盟国家汇率时序波动风险特征进行详细刻画。再次，采用单变量马尔可夫区制转移向量自回归模型（Markov Switching Vector Autoregression Model，MSVAR Model）和单变量区制转移自回归条件异方差模型（Switching Autoregressive Conditional Heteroskedasticity Model，SWARCH Model）将人民币汇率和东盟货币汇率的区制状态划分为低波动状态和高波动状态，并分析了各国汇率风险的马尔可夫区制依赖（Markov Switching，MS）特征。接下来，基于改进的多国跨货币风险溢出效应理论模型框架，采用二元向量MSVAR模型以及二元向量SWARCH模型证实了人民币与东盟货币汇率间所存在的风险溢出效应，并深入剖析了人民币与东盟货币间的汇率风险跨境传染机理。最后，结合全书结论从防范汇率风险跨境输入、加快云南沿边金融综合改革试验区的人民币外汇市场建设、加强人民币与东盟国家汇率联动性、审慎推进面向东盟地区的人民币国际化进程、提高微观市场经济主体汇率风险管理水平等方面提出了相应的对策建议，为云南沿边金融综合改革试验区的健康持续发展和市场经济主体更有效地规避汇率风险提供了科学决策借鉴。

本书得出的主要结论包括：第一，人民币及东盟货币汇率时序都表现出明显的尖峰、厚尾，且对数收益率时序都存在显著的自回归条件异方差（Autoregressive Conditional Heteroskedasticity，ARCH）效应，不仅如此，各国汇率时序以及对数收益率时序都具有结构突变性。第二，采用单变量MSAH（2）-AR（1）模型和单变量SWARCH（2，2）模型的实证检验认为，人民币汇率以及东盟货币汇率都可以划分为低波动和高波动两种区制风险状态，故各国汇率都具有明显的 Markov 区制转移特征。此外，各国汇率的 Markov 区制风险特征还表现出了国别差异。第三，基于多国跨货币风险溢出效应理论模型，本书运用二元向量 MSIH（2）-VAR（1）模型证实了人民币汇率与东盟各国汇率间确实存在着非对称风险溢出效应。第四，基于二元向量 SWARCH（2，1）模型的实证分析发现人民币与东盟货币汇率间的跨境风险传染机理表现为，泰铢、越南盾和老挝基普等大湄公河次区域的东盟国家汇率具有较高的汇率波动风险，且东盟各国汇率与人民币汇率间的风险溢出具有一定程度的门限效应。

本书的创新之处体现在：第一，从研究内容来看，本书是在云南金融沿边开放和人民币国际化的特定背景下展开的人民币与东盟跨货币的汇率波动关联性研究，透过汇率风险的跨境传染来论证境外金融风险冲击影响本国金融稳定的传导机理，故此研究具有重要的政策价值。第二，从研究视角来看，在研究人民币与东盟各国汇率的波动风险时变特征时，特别将汇率波动的 Markov 区制转移性引入向量自回归（Vector Autoregression，VAR）模型系统，比传统线性模型更有效地捕捉到各国外汇市场上汇率风险的结构突变特征。第三，从研究结论与观点上来看，借鉴具有 Markov 区制特征的向量 MSVAR 模型和向量 SWARCH 模型研究中国与东盟各国跨货币风险溢出效应及其风险传导机理，揭示出人民币与东盟货币汇率的风险积聚关联性具有正相关关系，这种风险积聚关联性还具有特殊的门限效应，且人民币与新加坡等东南亚国家汇率间具有双侧风险传染性。

本书受到云南省科技计划项目（2016FB115）资助，由于作者知识和时间有限，书中难免存在不妥之处，恳请读者提出宝贵意见。

目 录
CONTENTS

第一章　绪论 ·· **1**
  第一节　研究背景与问题的提出 ··· 1
  第二节　研究目标及研究内容 ·· 4
  第三节　研究方法与技术路线 ·· 6
  第四节　研究意义及主要创新点 ··· 8

第二章　金融市场风险溢出效应的文献计量分析 ································ **12**
  第一节　风险溢出效应国际文献的 Citespace 图谱分析 ······················· 13
  第二节　风险溢出效应中文文献的 Citespace 图谱分析 ······················· 39

第三章　货币风险溢出效应的文献研究进展 ······································· **55**
  第一节　汇率波动风险特征的刻画 ·· 56
  第二节　货币风险溢出效应的理论基础 ·· 58
  第三节　货币风险溢出效应的实证检验 ·· 61

第四节　对已有研究的评述 …………………………………… 64

第四章　人民币与东盟货币的汇率波动风险特征分析 …………… 69
第一节　人民币与东盟货币汇率波动风险的描述性分析 ……… 69
第二节　人民币与东盟各国货币汇率的波动风险特征 ………… 73
第三节　人民币与东盟各国汇率的结构断点检验 ……………… 76

第五章　人民币与东盟国家汇率的风险区制转移状态检验 ………… 81
第一节　实证方法与模型构建 …………………………………… 81
第二节　人民币与东盟国家货币汇率的波动区制特征分析 …… 84
第三节　人民币与东盟国家货币汇率波动风险的区制特征分析 … 92

第六章　人民币与东盟国家汇率的风险溢出效应及其传导机理
实证 ………………………………………………………… 102
第一节　跨货币风险溢出效应的理论基础 ……………………… 102
第二节　实证方法与模型构建 …………………………………… 107
第三节　人民币与东盟货币汇率风险溢出效应检验 …………… 111
第四节　人民币东盟货币汇率风险溢出效应的传导机理检验 … 126

第七章　全书结论及政策建议 ………………………………………… 136
第一节　全书研究结论 …………………………………………… 136
第二节　政策建议 ………………………………………………… 138

参考文献 ……………………………………………………………… 146

跋 ……………………………………………………………………… 156

# 第一章

绪　论

第一节　研究背景与问题的提出

一、研究背景

2010年中国—东盟自由贸易区建立以来，区内各国经贸往来关系日益密切，货币金融一体化程度也不断提升。除在清迈协议（Chiang Mai Initiative，CMI）框架内成功地构建多边外汇储备库并致力于推进亚洲债券市场的建设之外，各国外汇市场也在加快发展，已基本形成了境内即远期外汇交易的市场体系和以新加坡为离岸交易中心的无本金交割远期（Non-deliverable Forwards，NDF）市场，使发展区域性共同资本市场的努力更深刻地建立在多边汇率协动的基础上，人民币的区域主导作用也不断凸显。据2004年国际清算银行（Bank for International Settlements，BIS）对亚洲货币相关性的研究显示，人民币与印尼盾、菲律宾比索的即期汇率相关系数均高于其他货币；在剔除美元的影响后，人民币与东盟各经济体货币汇率的相关性随时间推移还在上升（张施杭胤，2013)，近年来还与马来西亚林吉特开通了做市商直盘报价交易，与老挝基普、泰铢、越南盾实现了直接挂牌交易，人民币在东盟外汇市场上的凝聚力逐渐形成。尽管区域货币金融一体化为深度的人民币国际化创造了有利条件，但应看到2008年次贷金融危机后，全球经济失衡也加剧了中国—东盟各国汇率的波动风险。不仅如此，由于绝大多数金融风险的传染都是区域性的，而且这种传染性在具有密切贸易联系的国家之间尤为强烈（爱德华兹和苏斯梅尔，2001）(Edwards and Susmel, 2001)。因而，中国—东盟自由贸易区内单个国家的金融脆弱性更易通过汇率波动传染扩散。

云南沿边金融综合改革试验区（以下简称试验区）是国务院批准的桥头堡建设的一项重大工程，旨在增强人民币在东盟地区的竞争力、影响力和辐射力。随着试验区建设的快速推进，人民币跨境清算结算体系的完善，云南金融机构"走出去"以及周边国家金融机构"走进来"战略实施，境内外多层次资本市场的培育，贸易投资便利化，金融基础设施跨境合作的加强，跨境金融合作交流机制的健全，必然会加强试验区与周边国家金融市场的连接，形成紧密联系的区域性跨境金融市场。各国金融信息在该市场中的快速传播也必将强化人民币与东盟各国货币的联动性，从而货币风险溢出会日益增强。试验区2015—2017年实施的重点任务之一就是地方政府与金融管理部门沟通协调，强化和落实当地政府处置金融风险和维护地方金融稳定的责任，建立地方金融管理监测预警机制（包括跨境资金流动统计监测和汇率、债务、偿债能力等）和联席会议协调机制。由于单一的货币风险能够通过汇率波动进行跨境传染并扩散引发其他金融风险，因此人民币与东盟各国货币的风险溢出不仅会对试验区与东盟各国构建共同资本市场构成威胁，甚至会威胁到区域金融市场结构的稳定性，也成为人民币在东南亚、南亚地区国际化和我国西南沿边金融安全的潜在制约因素。从这个意义上来说，汇率波动的跨境传染应当成为试验区金融改革过程中要重点防控的风险。

二、问题的提出

随着人民币在东盟地区主导地位的日益凸显及其在东盟外汇市场上凝聚力的逐渐形成，人民币在东盟地区国际化已具备了有利条件。但是随着沿边金融综合改革试验区改革的推进，云南与周边国家区域性金融市场的形成，货币风险跨境传染的渠道更加便利，单一货币汇率风险更可能迅速向其他国家传递，形成外汇市场的持续动荡。在开放经济条件下，这会对我国西南沿边金融安全造成更大冲击。现阶段是云南沿边金融改革试验区全面建设的关键时期，尤其需要在稳定的内外金融环境下推动边境资本市场对外开放和人民币跨境使用，逐步增强人民币在东盟和南亚国家的竞争力、影响力和辐射力。因此，试验区当地政府如何监管和处置金融风险，以防止货币风险传染扩散对中国—东盟区域性金融市场稳定造成不良影响，以维护西南沿边金融的稳定，这是试验区未来需要研究和解决的重大问题。而该问题的解决主要依赖于三个主要问题的研究：一是人民币与东盟各国货币的风险跨境传染表现为何种形式，即汇率风险特征及其溢出效应如何表现；二是人民币与东盟各国货币风险的跨境传染通过何种方式实现，即汇率风险的跨境传染机理是怎样的；三是金融综合改革试验区当地政府应如何控制货币风险的跨境传染，即汇率跨境传染的风险防范和处置措施应当如何制定。

第二节 研究目标及研究内容

一、研究目标

本书的总目标是在区域金融一体化背景下论证人民币与东盟各国货币汇率的跨境风险传导机理，为保障云南沿边金融综合改革试验区的金融安全、加速人民币国际化进程提供科学决策依据。本书的具体目标可分解为如下几个方面：

第一，识别中国与东盟各国汇率波动的风险特征，重点是波动聚集性和结构突变性；

第二，借鉴 MSVAR 模型框架，以此确定中国与东盟各国汇率的区制转移状态类型；

第三，构建 SWARCH 模型，详细探讨人民币与东盟货币汇率之间的风险溢出效应及其存在的门限特征，揭示出中国与东盟外汇市场之间风险溢出的传导机理；

第四，对如何防范西南沿边跨境金融风险，推进人民币国际化提供可借鉴的理论依据和政策建议。

二、主要研究内容

根据上述研究目标，本书将展开研究的主要内容包括以下几点：

第一，相关研究进展综述。首先，对金融市场溢出效应的国内外文献展开文献计量分析，从空间和时间维度进行文献研究进展分析，以发现研究前沿，明确本书的研究起点。其次，对跨货币风险溢出效应的相关文献展开更深入细致的梳理。一是对汇率风险溢出效应的研究成果进行评述，包括单一货币的汇率风险溢出效应和跨国跨货币的汇率风险溢出效应两大类文献。二是对 Markov 区制转移模型在金融资产价格非线性风险特征刻画中的应用进行归纳，作为后续研究中国与东盟国家汇率波动风险特征的理论依据。三是对由金融资产价格区制转移特征引起的风险溢出效应进行重点归纳，作为将其引入中国与东盟国家汇率风险跨境传导机理的研究基础。

第二，中国与东盟国家的汇率波动风险特征分析。此部分将选取人民币兑美元即期汇率以及新加坡元、泰铢、马来西亚林吉特、菲律宾比索、印尼盾、越南盾、老挝基普七种东盟货币兑美元的即期汇率作为研究对象，首先检验上述各国汇率的时间序列特征，包括峰度和偏度、序列相关性、异方差性（波动聚集性），其次识别各国汇率收益率序列的结构突变性，这是判定汇率波动风险具有区制转移特征的基础。

第三，中国与东盟国家汇率风险的区制转移状态划分。此部分将在识别汇率结构突变特征的基础上，分别对人民币汇率与东盟七国汇率在不同区制状态下的风险积聚强度进行检验。首先用具有 Markov 区制转移性质的单变量 MSVAR 模型对各国汇率样本进行区制划分，其次运用具有 Markov 区制转移性质的单变量 SWARCH 模型判定各国外汇市场处于特定波动阶段时其汇率表现出来的风险积聚特性，这是继续研究汇率风险溢出效应及传导机理的重要前提。

第四，中国与东盟国家汇率的风险溢出效应及其传导机理分析。此部分将论证人民币与东盟各国汇率在不同区制状态下的风险积聚关联度，验证汇率跨境风险溢出效应的存在性，并进一步考察各国汇率风险积聚关联性是否具有依赖状态调整而变化的门限特征。首先，构建基于 Markov 区制转移的二元向量 MSVAR 模型，根据已确定的各国汇率区制转移状态再来划分出人民币外汇市场与各个东盟外汇市场的区制组合状态，进而对人民币与东盟各国汇率间的风险溢出效应存在性进行实证分析；其次，构建基于Markov区制转移的两市场风险溢出模型，即二元向量SWARCH模型，估计向量SWARCH模型的参数，并测度不同区制组合状态下人民币汇率与东盟各国汇率的波动状态相关性，从不同风险积聚状态下人民币与东盟各国汇率的波动溢出关系中发现其所体现出的门限特征，从而揭示出汇率风险的跨境传导机理。

第五，结论和政策建议。此部分将总结全书主要研究结论，并分别就我国境内微观主体如何规避东盟国家的汇率波动风险，以及政府如何强化汇率稳定机制，维护西南沿边金融安全，促进沿边金融改革试验区建设和人民币国际化提出政策建议。

第三节 研究方法与技术路线

一、研究方法

第一，理论文献研究。理论文献研究是展开全书研究的基础，本书将采用定量分析与定性分析相结合的方法系统地梳理相关文献研究进展。一方面，运用可视化分析（Citespace）等主流软件对金融市场溢出效应的国内外相关文献进行文献计量分析，探索已有研究的知识结构图谱、突现性研究和合作图谱分析，发现研究前沿，找出潜在研究方向，确定本书分析视角。另一方面，延续文献计量分析的研究结论，针对跨货币风险溢出效应的国内外研究系统展开定性综述分析，从汇率波动风险特征、货币风险溢出效应和跨货币风险溢出效应的理论及实证研究相关研究成果进行观点归纳和方法提炼，为本书提供理论支撑。

第二，理论模型构建。本书的核心是人民币与东盟货币汇率间的跨货币风险溢出效应，在一个逻辑严谨的理论模型框架内展开相关问题研究显得尤为重要，故本书将尝试构建跨货币风险溢出效应理论模型，阐明人民币与东盟货币汇率间存在风险溢出效应的理论机制，为跨货币风险溢出效应的存在性及其传导机理研究提供理论基础。

第三，统计分析与实证分析法。本书将采用统计分析法来揭示中国与东盟各国货币的汇率时序所具有的金融时间序列特征，并借鉴多断点结构突变模型来刻画中国与东盟各国货币的汇率波动风险特征。此外，本书还将采用单变量的 MSVAR 模型和单变量 SWARCH 模型来识别各国汇率收益率时序的区制状态以及具有区制状态转移的波动风险特征。在此基础上，采用二元向量 MSVAR 模型来验证中国与东盟各国货币的汇率间所存在的风险溢出效应，进而运用二元向量 SWARCH 模型深入检验中国与东盟六国之间的汇率风险溢出效应传导机理。

二、研究技术路线

本书拟采取的基本技术路线是：经文献调研确定总体研究框架——构建人民币与东盟货币汇率长期高频数据的数据库——对数据库提取的有效汇率数据序列进行非线性风险特征分析——建立并估计单变量 MSVAR 模型和单变量 SWARCH 模型——构建跨货币风险溢出效应理论模型——构建二元向量 MSVAR 实证模型和二元向量 SWARCH 实证模型——SWARCH 模型的计算机编程——实证检验中国与东盟七国之间的汇率风险积聚关联性、风险溢出效应及其传导机理——研究绪论与对策建议（具体内容参见图 1-1）。

```
研究路线              研究内容                    研究方法

┌──────────┐    ┌──汇率波动风险特征刻画──┐
│确定研究框架│◄───┤──单一货币风险溢出效应──├───┤文件调研│
└────┬─────┘    └──跨货币的风险溢出效应──┘
     ▼
┌──────────┐    ┌人民币与东盟国家货币┐
│构建实证数据库│◄───┤的长期高频汇率序列 ├────┤数据收集整理│
└────┬─────┘    └──────────────┘
     ▼                                      ┌描述性统计分析┐
┌──────────┐    ┌人民币与东盟国家货币┐
│汇率风险特征分析│◄───┤汇率非线性波动     ├
└────┬─────┘    │的风险特征         │      ┌多元内生结构断点检验┐
     ▼          └──────────────┘
┌──────────┐                                ┌单变量MSVAR模型┐
│汇率风险区制依赖│    ┌人民币与东盟国家货┐
│特征分析     │◄───┤币的Markov区制波动 ├
└────┬─────┘    │状态划分          │      ┌单变量SWARCH模型┐
     ▼          └──────────────┘
┌──────────┐    ┌多国跨货币风险溢出┐       ┌Nucci（2003）三货币┐
│汇率风险溢出效应│◄───┤效应理论模型构建   ├───┤模型框架         │
│理论研究     │    └──────────────┘       └──────────────┘
└────┬─────┘
     ▼          ┌人民币与东盟货币汇率┐
┌──────────┐    │风险溢出效应存在性 │     ┌向量MSVAR模型┐
│汇率风险溢出效应│◄───┤                 │
│实证研究     │    ├人民币与东盟货币汇率┤     ┌向量SWARCH模型┐
└────┬─────┘    │风险溢出的传导机理 │
     ▼          └──────────────┘
┌──────────┐    ┌跨境汇率波动风险防范┐
│汇率波动风险防范│◄───┤的宏观决策        │
│对策        │    ├个人避险投资组合   │
└──────────┘    │微观对策          │
                └──────────────┘
```

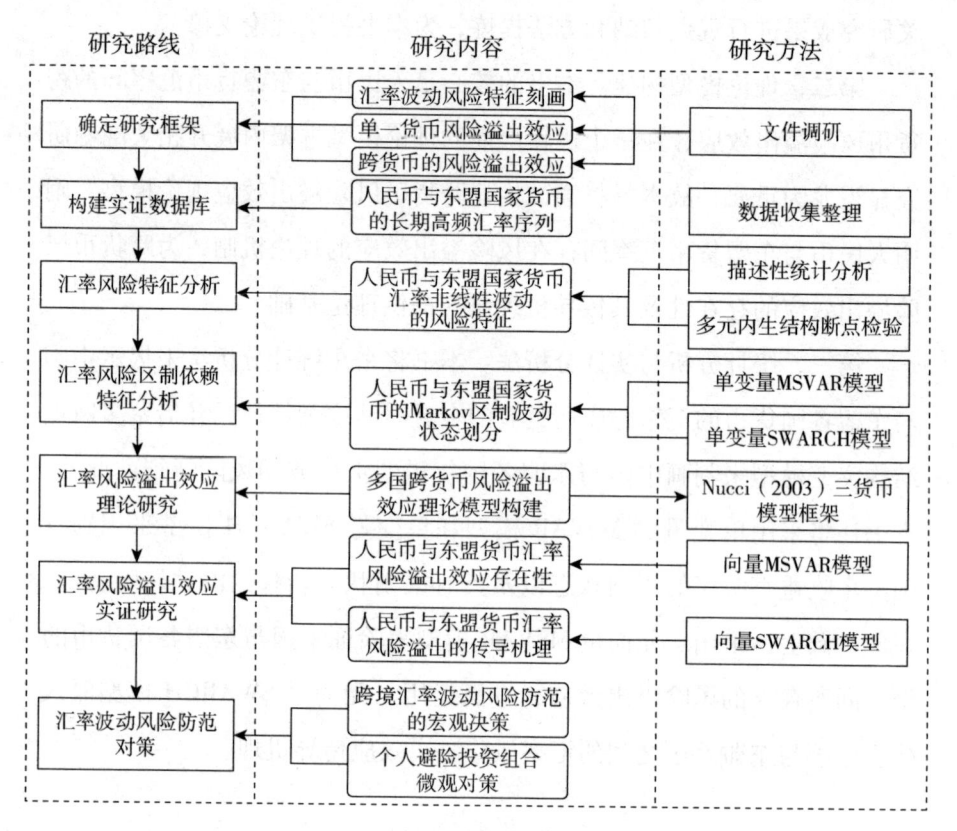

图1-1 本书的技术路线

第四节 研究意义及主要创新点

一、研究意义

（一）本书的理论意义

1. 本书构建了基于多国货币的跨货币风险溢出效应理论模型，使前人关于货币风险溢出效应的实证研究可置于一个逻辑严谨的理论框架下，使本书展开的实证分析具有了扎实的理论基础，这是对该领域研究所做出的理论升华。

2. 本书通过一系列递进式的实证研究揭示了人民币国际化进程中东盟外汇市场冲击对人民币汇率的风险溢出特征及其风险溢出传导机理，可进一步作为新兴市场跨货币风险溢出效应的理论借鉴，这是对人民币国际化理论和汇率动力学理论做出的细化补充和完善。

(二) 本书的现实意义

1. 2013 年 12 月国家正式批准云南和广西建设沿边金融综合改革试验区，云南省与东盟各国的金融开放度与一体化程度不断提高，研究人民币与东盟国家货币汇率的波动风险特征将有助于使政府和市场投资者更加清晰地识别东南亚新兴经济体外汇市场的风险现状，为我国西南边境地区以何种方式提高沿边金融开放度，如何更有针对性地加强与南亚国家和大湄公河次区域国家的金融合作提供具有前瞻性的科学研究支持。

2. 本书旨在研究人民币与东盟国家货币汇率间的风险溢出效应及其传导机理，将有助于西南沿边金融综合改革试验区当地政府更准确地把握来自东南亚和湄公河次区域国家的外汇市场风险向我国境内传染的症结所在，从而制定更有效的跨境金融风险防控对策。

3. 本书的研究结论也将对面向南亚、东南亚地区的市场投资者提供有益的科学决策依据，使其优化跨境金融投资策略，提升外汇风险管理水平。

二、主要创新点

本书致力于从汇率的非线性动力学特征出发，研究中国与东盟各国的外汇市场风险通过汇率波动实现跨境交叉传染的作用机理。具体特色及创新点体现在：

第一，研究内容的创新。考虑到云南金融沿边开放和人民币国际化的现实背景，展开人民币与东盟跨货币的汇率波动关联性研究，透过汇率风险的跨境传染来论证境外金融风险冲击影响本国金融稳定的传导机理，故本书的研究具有重要的政策价值。本研究发现，人民币与东盟货币的汇率风险溢出效应具有非对称性，体现为人民币更容易受到来自东盟外汇市场波动的影响；在中国—东盟地区的跨货币风险溢出效应中，美元等国际货币冲击及其他外部冲击所发挥的负面作用不容忽视；各国货币在受到外部冲击后均会出现短暂的汇率"超调"，但是均衡收敛路径却存在着国别差异，其中人民币汇率的收敛速度较快。

第二，研究视角的创新。在研究人民币与东盟各国汇率的波动风险时变特征时，将汇率波动的 Markov 区制转移性引入 VAR 模型系统，这比传统线性模型更有效地捕捉到了各国外汇市场上价格风险的结构突变特征。本研究发现，人民币汇率和东盟货币汇率的水平时序和收益率时序均存在多个内生结构断点，表明各国汇率的数据生成具有非线性特征，且各国汇率都可以明确划分为低波动和高波动两类风险积聚状态。

第三，研究结论与观点的创新。在研究中国与东盟各国跨货币风险溢出效应时，将传统的单变量向量自回归（Autoregression，AR）模型或单变量广义自回归条件异方差（Generalized Autoregressive Conditional Heteroscedasticity，GARCH）模型扩展为二元向量 MSVAR 模型和二元向量 SWARCH 模型，能够更准确地反映出具有波动区制依赖性的汇率风险关联强度如何变化，从而揭示出人民币与东盟各国货币汇率间的风险溢出效应传导机理。本研究认为，人民币及东盟国家的汇率波动风险存在着集团分化特征，人民币汇率波动风险居中，以新加坡为代表的东南亚国家汇率波动风险较低，而以泰国为代表的大湄公河次区域国家汇率波动风险较高；具有 Markov 区制特征的状态相关系数表明，人民币与东盟货币汇率的风险积聚关联性具有正相关关系，即汇率波动风险会在人民币和东盟外汇市场中形成正向传染，此外，这种风险积聚关联性还具有特殊的门限效应，即人民币处于高风险积聚状态时，其与东盟货币汇率的风险会同向升高；人民币与新加坡等东南亚国家汇率间具有双侧风险传染性，但与大湄公河次区域的泰铢等货币风险传染性相对较弱。

第二章

金融市场风险溢出效应的文献计量分析

当某一金融市场的波动不仅受到自身历史波动的影响，还受到其他市场波动制约时，就表现为风险溢出效应（或称为波动溢出效应）（魏巍贤、林柏强，2007），风险溢出效应广泛地存在于各类金融市场中。随着全球金融一体化的推进，各国金融市场日益紧密联系，形成了错综复杂的信息传递关联链，引发了国际学界对风险溢出效应的持续研究。但是，由于已有文献几乎还没有对相关国际学术成果进行过全面的梳理，风险溢出效应的相关研究脉络还显得不够清晰，鉴于此，本书将从文献计量学的视角出发，运用 Citespace 软件对最近 20 年来有关金融市场风险溢出效应的国内外文献进行信息可视化综述分析。作为信息可视化的重要分析工具，Citespace 能将看似庞杂散乱的文献数据信息进行分类统计和聚类，并以图形化界面展示分析结果，能够辅助特定学科领域的研究人员梳理特定主题的知识脉络及其演进知识结构、挖掘近期研究热点、进行知识发现（胡小洋等，2015）。

第一节　风险溢出效应国际文献的 Citespace 图谱分析

一、研究对象、数据来源及研究方法

（一）研究对象及其数据来源

本书将对国际金融市场间风险溢出效应的国际文献展开文献计量分析，文献数据全部源自美国科学情报研究所（Institute for Science Information, ISI）所辖的汤姆森路透（Thomson Reuters）集团所出版的科学网（Web of Science, WOS）数据库。

在运用 WOS 搜索时，本书所涵盖的数据库为 WOS 核心合集，设置的搜索条件是：主题 TS＝"volatility spillover"，语种＝"English"，文献类型＝"Article OR Review"，且将研究领域限定在 Business Economics 中，经过上述精练后得到 2001 年至 2017 年间共计 189 篇论文。

（二）研究方法

本书主要运用文献计量分析、科学知识图谱展示和可视化聚类分析相结合的方法，通过运行 Citespace V（版本 5.0. R5 SE，64bit）软件对金融市场溢出效应的外文文献展开引文分析，发现该领域的知识基础及研究前沿。首先，对主题文献进行共被引聚类分析，挖掘溢出效应的知识基础，主要研究过程包括：通过聚类分析绘制出聚类图谱，识别金融市场风险溢出效应被引文献的主要研究方向；分析对各聚类领域的研究进展做出重要贡献的文献；探寻主要聚类间的关键路径，以此查找连接两个相关研究领域的关键节点文献；通过时间线图梳理出风险溢出效应各主要聚类的时间演化路径。其次，对主题文献做施引文献分析，发现溢出效应国际研究的前沿，主要研究步骤是：对被引文献做突现性分析，查找被引文献中的引文突现节点，这些节点就是研究前沿的"脚印"；绘制施引文献的各类合作图谱，根据合作网络中的关键词出现频次就可以发现该领域的研究前沿和热点[①]。

Citespace V 文献计量分析的基本条件参数是：（1）样本时间区间从 2001 年至 2017 年；（2）时间切片长度为 2 年；（3）阀值选择策略为每个时区中前 15 个高频出现的节点；（4）短语（Term source）＝文章题目/摘要/作者姓名/描述关键词/文档关键词；（5）节点类型（Node Type）＝被引文献；（6）分析对象的连接强度采用系统默认的夹角余弦距离（Cosine）计算得出。

二、风险溢出效应的知识结构图谱分析

金融市场全球化和一体化程度越高，风险溢出效应就越凸显。实际上，对金融市场关联性的国际研究早在 20 世纪 90 年代早期就已经开始，然而专注于风险溢出效应的文献在 2001 年以后才开始出现，这是因为历经东亚货币危机及美国互联网经济泡沫破灭这两次国际金融大震荡之后，国际学界开始关注开放金融环境下风险跨国跨市场传染的特征与路径，并以此寻求金融稳定的对策措施。

按照上述基本参数设定条件，金融市场风险溢出效应的被引文献形成了一个包含 3200 篇文献，由 1114 个节点和 11221 条连线构成的被引文献网络（见表 2-1）。下面，本书就将运用 Citespace V 对 189 篇金融市场风险溢出效应外文文献进行被引文献聚类分析，以便分析其知识基

---

① 突现性指的是某变量值在短时间内发生显著变化的现象，Citespace 软件将其视为识别研究前沿的一种方式（陈悦等，2014）。

础的空间分布格局和时间演进路径。

表 2-1　2001—2017 年风险溢出效应文献的共被引网络构成

年份	被引文献数量	单节点数量	Top15 连线数量	总连线数量
2001	39	39	78	396
2002	0	0	0	0
2003	42	42	84	427
2004	16	16	32	52
2005	100	100	200	2236
2006	40	40	80	288
2007	69	69	138	457
2008	19	19	38	171
2009	100	100	200	1092
2010	162	162	324	1634
2011	153	153	306	1501
2012	170	170	340	1509
2013	494	33	66	180
2014	486	21	42	47
2015	655	19	38	77
2016	565	41	82	244
2017	90	90	180	910
合计	3200	1114	2228	11221

（一）基于空间分布的共被引文献聚类

共被引文献可划分为 215 个聚类，其模块值 Q 为 0.91，高于 0.3 的阈值，表明聚类划分的社团结构较为显著。而平均轮廓值 S 仅为 0.18，小于 0.5 的阈值，这可能反映出国际学界对风险溢出效应的研究时限较短，仍属于金融市场关联性的新兴领域，因而尚未形成更明确的研究主线，研究主题还较为分散（参见图 2-1）。

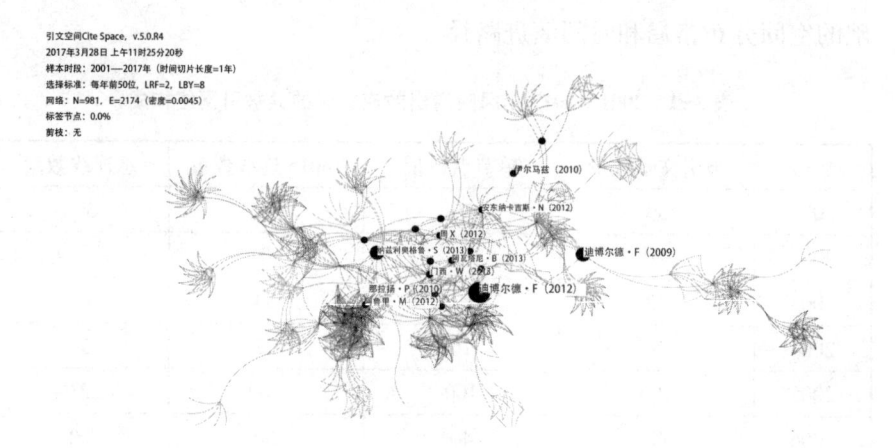

图 2-1　2001—2017 年风险溢出效应的共被引文献聚类图谱

1. 风险溢出效应的主要知识聚类

为了更清晰地聚焦于风险溢出效应的主要研究方向，本书滤除了聚类图谱中处于外围的小型散布聚类，保留了相互间具有高度关联性的19 个主要聚类，如图 2-2 所示。

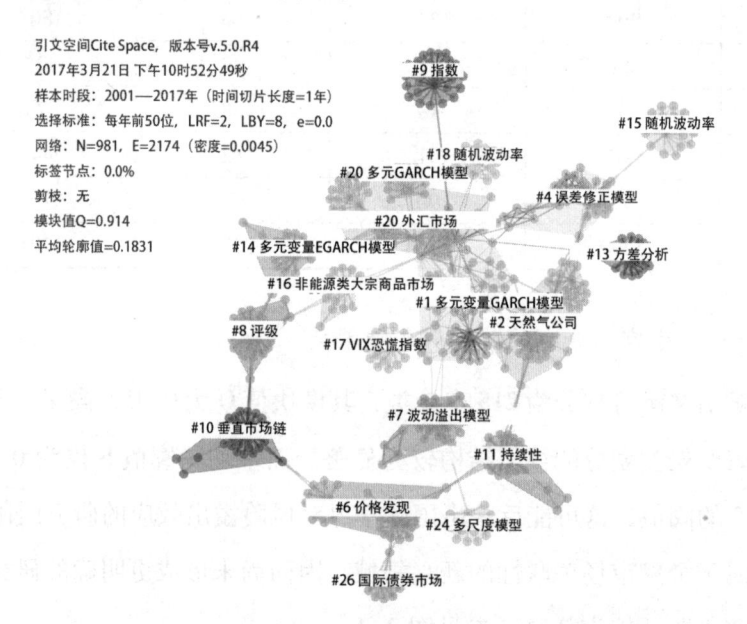

图 2-2　2001—2017 年风险溢出效应的主要聚类图谱

各主要聚类的平均轮廓值 S 均高于 0.75，平均值为 0.97，表明本书风险溢出效应的文献聚类是高效率且令人信服的，可做进一步分析。如表 2-2 所示，本书采用 LLR 算法标注了聚类标签，并根据聚类成员的研究内容确定了各主要聚类的研究主题。其中，最大的聚类 1 包括 59 个文献成员，平均轮廓值为 0.758，平均发文年份为 2010 年，聚类标签是"多元变量 GARCH"模型，研究主题是基于多元变量 GARCH 模型的金融市场风险溢出效应实证分析。在该聚类中，被引频次超过 10 次的重要文献有 5 篇，其中迪博尔德和伊尔马兹（Diebold and Yilmaz）（2009，2012）在《经济学杂志》（*The Economic Journal*）和《国际预测杂志》（*International Journal of Forecasting*）上发表的两篇关于构建波动溢出指数的论文分别被引用了 26 次和 17 次，是为形成聚类 1 的研究主题做出了最大贡献的文献成果。克里斯蒂安森（Christiansen）（2007）在《欧洲金融管理》（*European Financial Management*）杂志上发表的论文构建了 GARCH 波动溢出模型以检验欧洲与美国债券市场间的风险溢出效应，被引用 9 次，成为聚类 1 中第三篇重要文献。另外，马利克和哈穆德（Malik and Hammoudeh）（2007）、纳兹利奥格鲁等（Nazlioglu et al.）（2013）在《国际经济与金融评论》（*International Review of Economics and Finance*）和《能源经济学》（*Energy Eocnomics*）上发表的两篇检验跨市场风险溢出效应的实证论文都被引用了 8 次，是聚类 1 中排名第四和第五的重要文献。

聚类 2 包括 58 个文献成员，平均轮廓值为 0.902，平均发文年份是 2006 年，聚类标签是"天然气公司"，根据主要成员的研究内容确定该聚类的研究主题是石油市场与其他金融市场间的风险溢出效应。该聚类中的重要文献有 3 篇，其中麦卡利尔等（McAleer et al.）（2009）发表于《计量经济学评论》（*Econometric Reviews*）上的论文最为重要，他们采用常数条件相关—向量自回归移动平均—广义自回归条件异方差（Constant Conditional Corelational - Vetor Autoregression Moving Average - Generalized Autoregressive Conditional Heteroscedasticity，CCC - VARMA - GARCH）模型检验了跨市场风险传导机制，被引用8次；哈穆德等（2009）、帕克和拉提（Park and Ratti）（2008）的论文检验了石油市场与银行信贷市场及股市之间的风险溢出效应，分别被引用6次和5次。

聚类3包括54个文献成员，平均轮廓值为0.968，平均发文年份是2007年，聚类标签是"外汇市场"，相应的研究主题是"国际外汇市场中的跨货币风险溢出效应"。该聚类最重要的文献成员是安德森等（Andersen et al.）（2007），他们提出了一种测度资产波动率中跳跃成分的稳健方法，改进了汇率定价及其预测精度，该论文发表在《经济与统计评论》（Review of Economics and Statistics）上，被引用4次。

表2-2 2001—2017年风险溢出效应的主要聚类

编号	聚类成员	聚类轮廓	聚类中间年	聚类标签（LLR）	聚类主题
#1	59	0.758	2010	多元变量GARCH模型	基于多元变量GARCH模型的金融市场风险溢出效应实证分析
#2	58	0.902	2006	天然气公司	石油市场与其他金融市场间的风险溢出效应
#3	54	0.968	2007	外汇市场	国际外汇市场中的跨货币风险溢出效应
#4	38	0.956	2009	误差修正模型	金融市场与商品市场间的风险溢出效应
#6	34	0.951	2001	价格发现	金融市场波动溢出及其价格发现力检验
#7	34	0.989	2002	波动溢出模型	新型波动溢出模型的构建与应用

续表

编号	聚类成员	聚类轮廓	聚类中间年	聚类标签（LLR）	聚类主题
#8	32	0.944	2006	评级	金融市场与实体经济间的风险溢出效应
#9	28	0.999	2013	指数	金融市场中的多尺度风险溢出效应
#10	28	0.976	1999	垂直市场链	农产品市场供应链间的价格波动溢出关系
#11	25	0.996	2004	持续性	金融市场波动溢出的持续性特征研究
#13	20	0.998	2012	VAR 分析法	基于 VAR 分析的金融市场风险溢出效应
#14	19	0.965	2002	多元变量 EGARCH 模型	基于多元 EGARCH 模型的风险溢出效应
#15	18	0.998	2007	随机波动率	基于随机波动率模型的风险溢出效应
#16	17	0.996	2008	非能源类大宗商品市场	非能源类大宗商品市场中的风险溢出效应
#17	16	0.998	2008	VIX 指数	国际冲击对新兴市场金融风险的影响
#18	16	1.000	2007	随机波动率	基于微观市场结构理论的金融市场波动率传导机制
#20	15	0.998	2007	多元变量 GARCH 模型	国际股市间的风险溢出效应
#24	13	0.998	2007	多尺度	房地产市场的多维度风险溢出效应
#26	11	0.978	2002	国际债券市场	国际债券市场间的风险溢出效应

除上述三个最大的聚类外，其他高度关联的聚类分别研究了金融市场与商品市场间的风险溢出效应（聚类 4）、金融市场波动溢出及其价格发现力检验（聚类 6）、新型波动溢出模型的构建与应用（聚类 7）、金融市场与实体经济间的风险溢出效应（聚类 8）、金融市场中的多尺度风险溢出效应（聚类 9）、农产品市场供应链间的价格波动溢出关系（聚类 10）、金融市场波动溢出的持续性特征研究（聚类 11）、基于 VAR 分析的金融市场风险溢出效应（聚类 13）、基于多元 EGARCH 模型的风险溢出效应（聚类 14）、基于随机波动率模型的风险溢出效应（聚类 15）、非能源类大宗商品市场中的风险溢出效应（聚类 16）、国际冲击对新兴市场金融风险的影响（聚类 17）、基于微观市场结构理论的金融市场波动率传导机制（聚类 18）、国际股市间的风险溢出效应（聚类 20）、房地产市场的多维度风险溢出效应（聚类 24）、国际债券市场间的风险溢出效应（聚类 26）。上述每个聚类的重要文献如表 2-3 所示。

总的来看，金融市场风险溢出效应的研究主要围绕两大线索向前推进：一是注重研究对象的选择，即明确针对某一类金融市场做波动溢出实证检验，或者集中研究某几类金融市场间的风险溢出效应（如聚类 2、3、4、8、10、16、17、20、24、26）；二是重视实证模型和方法的改进，即对金融资产价格的多元变量非线性波动率模型的构建和优化，目的是更真实地刻画金融资产价格波动的随机过程及其波动溢出的非线性、非对称性及时变性等特征（如聚类 1、6、7、9、11、13、14、15、18）。

表2-3 2001—2017年风险溢出效应主要聚类中的重要被引文献

编号	被引频次	作者及发表年份	文章标题	期刊名称
#1	26	Diebold and Yilmaz (2009)	Measuring financial asset return and volatility spillovers, with application to global equity markets	The Economic Journal
#1	17	Diebold and Yilmaz (2012)	Better to give than to receive: Predictive directional measurement of volatility spillovers	International Journal of Forecasting
#1	9	Christiansen (2007)	Volatility-spillover effects in European bond markets	European Financial Management
#1	8	Malik and Hammoudeh (2007)	Shock and volatility transmission in the oil, US and Gulf equity markets	International Review of Economics and Finance
#1	8	Nazlioglu et al. (2013)	Volatility spillover between oil and agricultural commodity markets	Energy Economics
#2	8	McAleer et al. (2009)	Structure and asymptotic theory for multivariate asymmetric conditional volatility	Econometric Reviews
#2	6	Hammoudeh et al. (2009)	Shock and volatility spillovers among equity sectors of the Gulf Arab stock markets	Quarterly Review of Economics and Finance
#2	5	Park and Ratti (2008)	Oil price shocks and stock markets in the U.S. and 13 European countries	Energy Economics
#3	4	Andersen et al. (2007)	Roughing it up: Including jump components in the measurement, modeling, and forecasting of return volatility	Review of Economics & Statistics
#4	4	Creti et al. (2013)	On the links between stock and commodity markets' volatility	Energy Economics
#4	4	Hamilton (2011)	Nonlinearities and the macroeconomic effects of oil prices	Macroeconomic Dynamics

续表

编号	被引频次	作者及发表年份	文章标题	期刊名称
#6	7	Forbes and Rigobon (2002)	No contagion, only interdependence: measuring stock market comovements	The Journal of Finance
#7	8	Baele (2005)	Volatility spillover effects in european equity markets	Journal of Financial and Quantitative Analysis
#8	4	Skintzi and Refenes (2006)	Volatility spillovers and dynamic correlation in European bond markets	Journal of International Financial Markets Institutions & Money
#9	4	Mensi et al. (2013)	Correlations and volatility spillovers across commodity and stock markets: Linking energies, food, and gold	Economic Modelling
#10	2	Kim and Meng (1999)	Price, volume and volatility spillovers among New York, Tokyo and London stock markets	International Journal of Business
#11	2	Tse and Tsui (2002)	A multivariate generalized autoregressive conditional heteroscedasticity model with time-varying correlations	Journal of Business and Economic Statistics
#13	3	Dooley and Hutchison (2009)	Transmission of the U.S. subprime crisis to emerging markets: Evidence on the decoupling-recoupling hypothesis	Journal of International Money and Finance
#14	2	Caporale et al. (2002)	Testing for causality-in-variance: an application to the East Asian markets	International Journal of Finance and Economics
#14	2	Yang and Doong (2004)	Price and volatility spillovers between stock prices and exchange rates: Empirical evidence from the G-7 Countries	International Journal of Business and Economics
#16	3	Cappiello (2006)	Measuring comovements by regression quantiles	Journal of Financial Econometrics
#17	3	Hafner and Herwartz (2006)	A lagrange multiplier test for causality in varianc	Economics Letters

续表

编号	被引频次	作者及发表年份	文章标题	期刊名称
#18	4	Andersen et al. (2007)	No-arbitrage semi-martingale restrictions for continuous-time volatility models subject to leverage effects, jumps and i.i.d. noise	Journal of Econometrics
#20	3	Bae et al. (2003)	A new approach to measuring financial contagion	The Review of Financial Studies
#26	2	Martens and Poon (2001)	Returns synchronization and daily correlation dynamics between international stock markets	Journal of Banking and Finance

2. 风险溢出效应的关键节点文献

为了描述风险溢出效应主要聚类间的关联衍生关系，本书从共被引聚类图谱图2-2所显示的引文节点连线中挑选出了能够使19个主要聚类两两相连的连线，绘制了如下所示的关键路径图2-3。从每个聚类所连接的关键路径数来看，聚类1、聚类3、聚类4和聚类8的连线数最少是3条，可以认为这4个聚类的研究主题衍生性最强，它们与其他诸多聚类的研究主题存在较强的关联性。

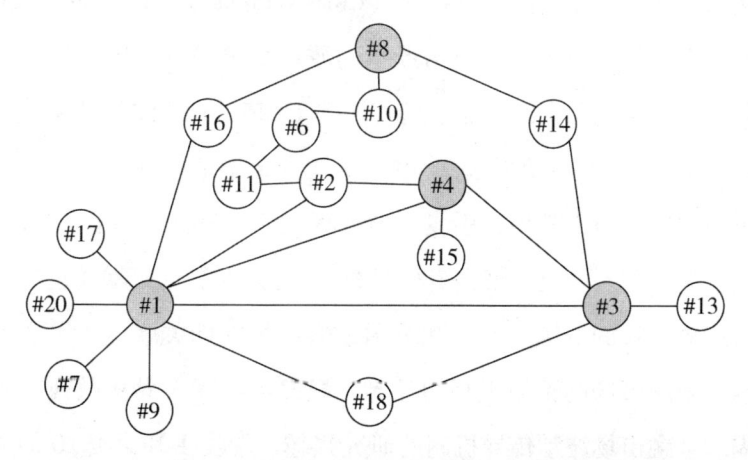

图2-3 2001—2017年风险溢出效应主要聚类间的关键路径

以聚类 1 的研究主题"基于多元变量 GARCH 模型的金融市场风险溢出效应实证分析"为中心，衍生出了聚类 2、3、4、7、9、16、17、18、20 九个不同的研究主题。如表 2-4 所示，聚类 1 和聚类 2 之间存在 4 篇关键节点文献，这些文献或者构建了多元变量的 GARCH 优化模型，或者将其用于检验石油市场与其他金融市场的风险溢出效应，分化出了将 GARCH 模型用于与石油市场相关的风险溢出效应实证分析这一研究领域。聚类 1 和聚类 3 的关键节点文献有 2 篇，它们用不同于 GARCH 的理论模型改进了汇率波动率的刻画方法，由此丰富了外汇市场中的跨货币风险溢出效应实证检验技术。聚类 1 和聚类 4 的关键节点文献有 1 篇，该论文采用随机波动率模型验证了石油市场与农产品市场间的风险溢出效应，对金融市场与商品市场间的波动溢出检验方法有所启示。聚类 1 和聚类 7 的关键节点文献有 1 篇，该论文以 GARCH 波动溢出模型检验了美国与欧洲债券市场间的波动溢出关系，引发了对新型波动溢出模型的学术探讨。聚类 1 和聚类 9 的关键节点文献以中国案例揭示了高管共同参与导致的上市公司附属关系网络现象，引发了国际学界从新视角对金融市场间风险溢出效应的关注。聚类 1 和聚类 16 的关键节点文献用互相关函数因果分析法（Cross Correlation Function，CCF）发现了全球石油价格对土耳其电力股指的波动溢出关系，将国际学界的研究视野引向了非能源大宗商品市场。聚类 1 和聚类 17 的关键节点文献运用多元变量 GARCH 模型检验了 1997 年亚洲金融危机期间 6 个东南亚国家股市间的风险溢出效应，引发了研究者对于国际风险冲击对新兴金融市场的影响的深入研究。聚类 1 和聚类 18 的关键节点文献通过检验由信息跨市传播导致的美国、德国和英国金融市场同期关联性，发现了上述发达国家金融市场的价格发现力差异，激发了国际学界从微观市场结构角度揭示金融市场波动传导机制的研究兴趣。聚类 1 和聚类 20 的关键节点文献研究了新兴金融市场间的风险传染关系，凸显了股市在跨市场风险传染中的重要作用，引发了国际学界对股市风险溢出效应的专题研究。

以聚类3的研究主题"国际外汇市场中的跨货币风险溢出效应"为中心，衍生出了聚类1、4、13、14、18五个不同的研究主题。聚类3和聚类4的关键节点文献有3篇，它们都研究了各类金融市场与商品市场间的风险传染，拓展了金融市场与商品市场风险溢出效应的研究方向。聚类3和聚类13的2篇关键节点文献检验了金融危机对新兴市场的风险传染效应。由于汇率波动是跨境风险传染的主要渠道，国际学界开始集中地研究外汇市场间的跨货币风险溢出效应。聚类3和聚类14的关键节点文献发现亚洲国家股市和外汇市场间的波动传导关系并非持续稳定的，由此一批研究者开始采用指数广义自回归条件异方差（Exponential Generalized Autoregressive Conditional Heteroscedasticity，EGARCH）等模型来研究金融市场间风险溢出效应所具有的非对称特征。聚类3和聚类18的关键节点文献同样从市场信息在各国外汇间的传播研究了发达国家金融市场的价格发现功能，从而启发研究者从微观市场结构视角来研究金融市场波动率传导机制。

以聚类4的研究主题"金融市场与商品市场间的风险溢出效应"为中心，衍生出了聚类1、2、3和15这四个研究主题。其中，聚类4和聚类2的2篇关键节点文献研究了金融市场、石油市场及商品市场间的资产价格关联性，为这两个高度近似的研究领域构建了联系。聚类4和聚类15的关键节点文献刻画了原油价格的波动特征，促使国际学界将资产价格波动的随机过程引入金融市场风险溢出效应的研究中，以便更准确地揭示波动溢出的时变特征。

以聚类8的研究主题"金融市场与实体经济间的风险溢出效应"为中心，衍生出了聚类10、14和16这三个研究主题。聚类8和聚类10

的关键节点文献提出用渐进正态检验来分析时间序列间的波动溢出关系的新方法，为金融市场和实体经济间（包括农产品市场不同供应链之间）的风险溢出效应研究在方法上建立了关联性。聚类8和聚类14的关键节点文献采用二元变量EGARCH模型检验了G-7国家的股市和外汇市场间风险溢出效应，是运用EGARCH模型来研究金融市场与实体经济间风险溢出效应的关键过渡文献。聚类8和聚类16的关键节点文献分析了欧美债券市场间的波动溢出性，为研究金融市场、非能源大宗商品市场与实体经济间波动溢出关系提供了基本研究范式。

表2-4 2001—2017年风险溢出效应主要聚类间的关键节点文献

中心聚类	关联聚类	关联性文献
#1	#2	Structure and asymptotic theory for multivariate asymmetric conditional volatility modelling the impact of oil prices on vietnam's stock prices Dynamic spillovers between oil and stock markets in the Gulf Cooperation Council Countries Volatility spillovers and contagion during the Asian crisis: Evidence from six Southeast Asian stock markets
	#3	Global financial crisis, extreme inter ependences, and contagion effects: The role of economic structure? Modeling and forecasting realized volatility
	#4	Speculation and volatility spillover in the crude oil and agricultural commodity markets: A Bayesian analysis
	#7	Volatility-spillover effects in European bond markets
	#9	An evolution analysis of executive-based listed company relationships using complex networks
	#16	Volatility spillover from world oil spot markets to aggregate and electricity stock index returns in Turkey
	#17	Volatility spillovers and contagion during the Asian crisis: Evidence from six Southeast Asian stock markets
	#18	Real-time price discovery in global stock, bond and foreign exchange markets
	#20	A new approach to measuring financial contagion

续表

中心聚类	关联聚类	关联性文献
#3	#4	Financial crises and stock market contagion in a multivariate time-varying asymmetric framework Conditional return correlations between commodity futures and traditional assets Global financial crisis, extreme interdependences, and contagion effects: The role of economic structure?
	#13	Transmission of the U. S. subprime crisis to emerging markets: Evidence on the decoupling-recoupling hypothesis Global financial crisis, extreme interdependences, and contagion effects: The role of economic structure?
	#14	The causality between stock returns and exchange Rates: Revisited
	#18	Real-time price discovery in global stock, bond and foreign exchange markets
#4	#2	Oil prices and real exchange rates Global financial crisis, extreme interdependences, and contagion effects: The role of economic structure?
	#15	Understanding crude oil prices
#8	#10	A test for volatility spillover with application to exchange rates
	#14	Price and volatility spillovers between stock prices and exchange rates: Empirical evidence from the G-7 Countries
	#16	Volatility spillovers and dynamic correlation in European bond markets

(二) 基于时间演进的共被引文献聚类

为了更具体地考察金融市场风险溢出效应的研究演化路径，本书继续对被引文献做时区图谱分析。由图2-4所示的时间线图可以发现，对金融市场风险溢出效应的研究成果集中在两个时段涌现出来，第一个时段是2001—2005年，第二个时段是2008—2011年，这可能与当时全球金融市场大背景有关联。第一个时段恰好是欧元面世初期，全球第一个共同货币区域正式出现,由此诞生了能够与美元相抗衡的新世界货币,因此国际学界普遍开始研究欧元面世对国际金融市场产生的影响,特别是以股票市场为代表的金融市场风险传导特征是否产生了变化。第二个时段标志性的历史事件是2008年美国次贷危机引发的全球金融震荡,以此为起点全球经济进入减速发展期,特别是新兴经济面临诸多挑战:一方面是如何摆脱美国次贷危机的冲击,阻断风险跨境传染渠道;另一方面是如何通过加强区域经济一体化启动新的经济增长引擎,带动全球经济增长。针对这些关键问题,国际学界从金融市场波动溢出性的角度出发再次展开了大量研究,获得了一系列丰富的研究成果。

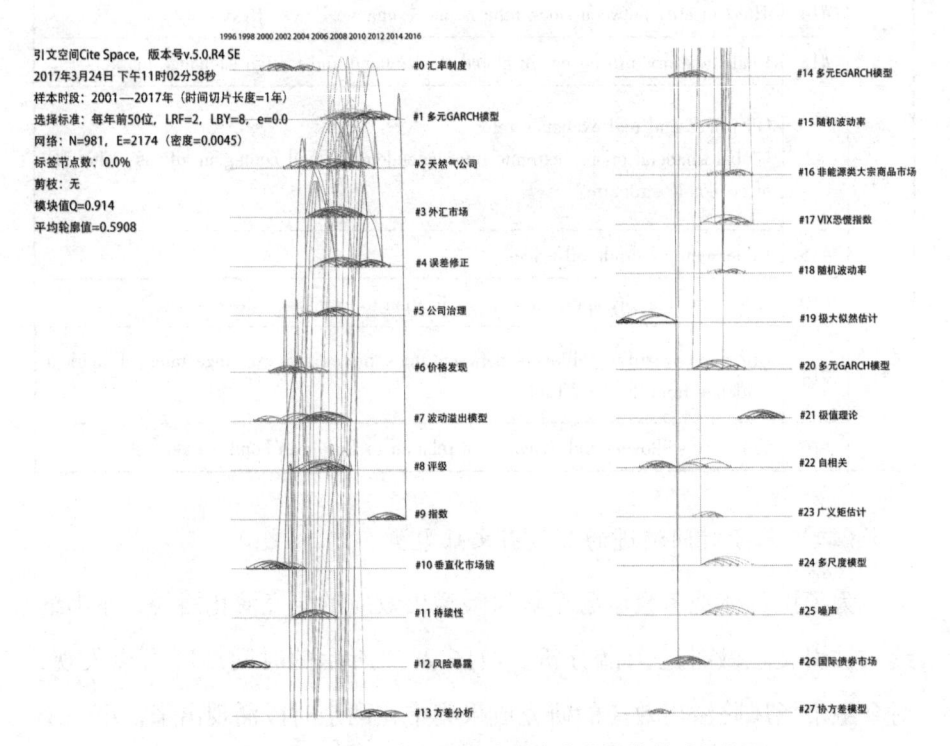

图2-4　2001—2017年风险溢出效应主要聚类的时间线图

时间线图不仅可以展示每个聚类在时间轴上向前推进的历史成果轨迹，还能够体现各聚类的主要研究成果集中在哪些年份涌现（陈悦等，2014），因而可根据每个聚类主要研究年份的时间先后顺序，大致勾勒出风险溢出效应中19个研究主题的时间演化路径。如表2-5所示，农产品市场供应链间的价格波动溢出关系（聚类10）是风险溢出效应最早的研究主题，主要研究年份出现在2003年和2006年，然后陆续发展出聚类26、14、6、7、8、11、20、2、3、4、15、18、17、16、24、1、9、13的研究主题。值得注意的是，最近三年内国际学界持续高度关注的领域是基于多元变量GARCH模型的金融市场风险溢出效应实证分析（聚类1）、金融市场中的多尺度风险溢出效应（聚类9）和基于VAR分析的金融市场风险溢出效应（聚类13），它们都致力于从不同的角度对风险溢出效应的实证方法和技术进行了改进。

表2-5　2001—2017年风险溢出效应主要聚类时间演化路径

编号	聚类标签	主要研究年份	被引文献的时间跨度
10	农产品市场供应链间的价格波动溢出关系	2003，2006	1995—2003
26	国际债券市场间的风险溢出效应	2006—2007	1999—2005
14	基于多元EGARCH模型的风险溢出效应	2005—2007	2000—2006
6	金融市场波动溢出及其价格发现力检验	2006—2010	1998—2006
7	新型波动溢出模型的构建与应用	2004，2007，2010	1996—2009
8	金融市场与实体经济间的风险溢出效应	2003，2009，2010	2001—2009
11	金融市场波动溢出的持续性特征研究	2009—2010	2001—2007
20	国际股市间的风险溢出效应	2010—2011	2003—2010
2	石油市场与其他金融市场间的风险溢出效应	2008—2010，2011，2014	2000—2012
3	国际外汇市场中的跨货币风险溢出效应	2010—2011，2016	2003—2012

续表

编号	聚类标签	主要研究年份	被引文献的时间跨度
4	金融市场与商品市场间的风险溢出效应	2012	2004—2014
15	基于随机波动率模型的风险溢出效应	2011	2003—2010
18	基于微观市场结构理论的金融市场波动率传导机制	2011—2012，2016	2005—2010
17	国际冲击对新兴市场金融风险的影响	2012	2004—2011
16	非能源类大宗商品市场中的风险溢出效应	2010—2012	2005—2011
24	房地产市场的多维度风险溢出效应	2012	2004—2011
1	基于多元变量GARCH模型的金融市场风险溢出效应实证分析	2010—2017，2015，2016	2005—2015
9	金融市场中的多尺度风险溢出效应	2016—2017	2011—2016
13	基于VAR分析的金融市场风险溢出效应	2016—2017	2009—2016

注：(1)"主要研究年份"指某一聚类中大部分引文的发表时间。(2)"被引文献的时间跨度"指某一聚类中引文出现的时间跨度。

三、风险溢出效应的突现性分析

在上述知识结构图谱分析的基础上，本书继续对风险溢出效应的引文突现性进行了分析，以便了解当前该领域中的一些研究前沿。从表2-6中可以看出，与风险溢出效应相关的引文中共有8篇突现性文献，它们都属于研究主题——基于多元变量GARCH模型的金融市场风险溢出效应实证分析（聚类1），可见聚类1既是主要研究领域，又蕴含着该学科领域的研究前沿。其中，迪博尔德和伊尔马兹（2008，2012）突现值分别为9.46和5.63，被引频次分别为26次和17次，两位作者基于VAR模型方差分解新颖地构建了波动溢出指数，以简明易懂的方法刻画出两金融市场间的波动溢出强度及溢出源头，成为突现性最高的两篇文献。马利克和哈穆德（2007）和纳兹利奥格鲁等（Nazlioglu et al.）（2013）突现值分别为3.36和4.59，被引频次都为8次，两篇论文都检验石油市场与金融市场或大宗商品市场间的风险溢出效应，揭示了石油价格在跨市场风险传导中的重要作用，突现性排名第三和第四位。阿鲁里等（Arouri et al.）（2012）、阿瓦塔尼和麦格耶（Awartani and Maghyereh）（2013）突现值分别为3.43和3.32，被引频次都为6次，两篇文献都研究了石油市场与股票市场间的风险溢出效应，突现性排名第六和第七位。辛格等（Singh et al.）（2010）、伊尔马兹（2009）突现值分别为3.03和2.94，被引频次分别为5次和6次，这两篇文献分别检验了欧美成熟股票市场和亚洲新兴股票市场间的风险溢出效应，突现性排名第五和第八位。概括起来，当前风险溢出效应的研究前沿应当包含三个方向：一是以波动溢出指数分析金融市场间的波动溢出方向和溢出强度，二是研究石油市场与其他各类市场间的波动溢出关系，三是关注国际风险冲击对全球新兴市场的影响。

表2-6　2001—2017年风险溢出效应的突现性文献

排序	被引频次	突现值	作者及发文年份	论文标题	期刊名称	所属聚类
1	26	9.46	Diebold and Yilmaz（2009）	Measuring financial asset return and volatility spillovers, with application to global equity markets	The Economic Journal	1
2	17	5.63	Diebold and Yilmaz（2009）	Better to give than to receive: Predictive directional measurement of volatility spillovers	International Journal of Forecasting	1
3	8	3.36	Malik and Hammoudeh（2007）	Shock and volatility transmission in the oil, US and Gulf equity markets	International Review of Economics and Finance	1

续表

排序	被引频次	突现值	作者及发文年份	论文标题	期刊名称	所属聚类
4	8	4.59	Nazlioglu et al. (2013)	Volatility spillover between oil and agricultural commodity markets	Energy Economics	1
5	6	2.94	Yilmaz (2009)	Return and volatility spillovers among the East Asian equity markets	Journal of Asian Economics	1
6	6	3.43	Arouri et al. (2012)	On the impacts of oil price fluctuations on European equity markets: Volatility spillover and hedging effectiveness	Energy Economics	1
7	6	3.32	Awartani and Maghyereh (2013)	Dynamic spillovers between oil and stock markets in the Gulf Cooperation Council countries	Energy Economics	1
8	5	3.03	Singh et al. (2010)	Price and volatility spillovers across North American, European and Asian stock markets	International Review of Financial Analysis	1

四、风险溢出效应的合作图谱分析

本书对施引文献的合作图谱分析将从作者合作分析、国家合作分析与研究机构合作分析三个方面进一步描述关于金融市场间风险溢出效应的国际学术合作网络及其主要研究力量布局，从中发现前沿文献所属的作者、国家或研究机构。

（一）作者合作图谱

如图2-5显示，风险溢出效应文献的主要作者之间并不存在明显的合作关系，国际学者在该新兴研究领域中的研究凝聚力仍显不足。在松散的作者合作网络中，仅有索伊塔斯和纳西里奥卢斯（Soytas U. and Nazlioglus S.）、巴利和巴利（Balli H. O. and Balli F.）、热兹提斯和阿皮吉斯（Rezitis A. and Apeigis N.）存在合作关系。但根据合作图谱可以发现，最近几年国际学者间的研究合作正在加强。

图 2-5 2001—2017 年风险溢出效应英文文献的作者合作图谱

从发文频次来看，表 2-7 中列示了发文数量超过 3 篇的主要作者信息。土耳其的索伊塔斯·U. 共发表了 6 篇相关论文，是研究成果数量最多的学者。土耳其学者纳西里奥卢斯·S. 和希腊学者热兹提斯·A. 分别发表论文 5 篇和 4 篇，发文数量排名第二和第三。接下来，新西兰学者巴利·F. 和新加坡学者廖·K. H. 等五位学者的发文数量均为 3 篇。相关成果数量最多的作者所发表的论文不超过 10 篇，这表明，风险溢出效应仍是金融市场学中的新兴研究领域，尽管受到了学术界广泛关注，但有丰硕成果的学者还是极少数，学术权威力量并不凸显。比较发文数量较多的学者所属国籍可以发现，欧美学者依然是该领域的主要研究力量，亚洲学者中仅有来自新加坡的廖·K. H. 和中国的张斌。此外，成果数量较多的学者初次发表论文的时间大多集中在 2012 年和

2013 年左右，这显示出近年来风险溢出效应的相关研究有趋热势头。

表 2-7　2001—2017 年风险溢出效应文献中发文频次较高的作者

排序	发文频次	作者	初现年
1	6	索伊塔斯·U.（土耳其）	2011
2	5	纳西里奥卢斯·S.（土耳其）	2013
3	4	热兹提斯·A.（希腊）	2001
4	3	巴利·F.（新西兰）	2013
5	3	廖· K. H.（新加坡）	2012
6	3	巴利· H. O.（新西兰）	2013
7	3	阿皮吉斯· N.（希腊）	2001
8	3	张斌（中国）	2013

（二）国家合作图谱

在图 2-6 所示的国家合作网络中，美国、中国、英国、土耳其、希腊、韩国和澳大利亚占据了重要位置，但各国之间并未表现出密切合作的关系，同样说明风险溢出效应的国际合作网络尚未形成，各国学者的研究比较分散。

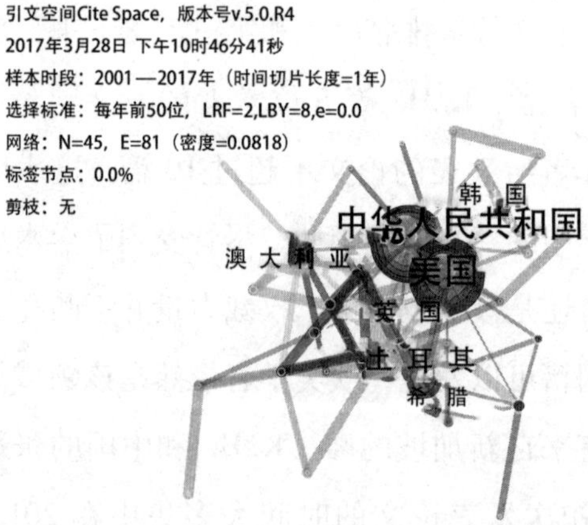
引文空间Cite Space，版本号v.5.0.R4
2017年3月28日 下午10时46分41秒
样本时段：2001—2017年（时间切片长度=1年）
选择标准：每年前50位，LRF=2,LBY=8,e=0.0
网络：N=45，E=81（密度=0.0818）
标签节点：0.0%
剪枝：无
韩国
中华人民共和国
澳大利亚
美国
英国
土耳其
希腊

图 2-6　2001—2017 年风险溢出效应英文文献的国家合作图谱

尽管如此，图 2-6 和表 2-8 显示，代表中国和美国的两个年轮节点，其中心度分别为 0.18 和 0.41，都超过了 0.1，发表论文总量都超过 30 篇，因此可以认为中美两国学者不仅历史成果最多，而且近年来发表论文的数量也不少。不仅如此，从各国论文文献首次出现年份来看，美国和中国也是最早的，显示出这两个国家的学者对风险溢出效应方面的研究重视程度是所有国家中最高的，因而成果产量最大。文献数量排名第二到第八位的国家主要位于欧美地区，亚洲的韩国也显示了较强的研究实力。值得注意的是，尽管中国学者的发文数量超过美国学者，但中心度相对偏小，这意味着美国依然是风险溢出效应这个研究领域中的核心国家。英国、法国、加拿大、新西兰等国的中心度不足 0.1，其研究实力与美国、中国和澳大利亚还有一定差距。而土耳其、韩国、希腊等国学者虽然论文成果数量排名较高，但其中心度甚至不足 0.01，表明其研究实力仍较弱。

表 2-8 2001—2017 年风险溢出效应文献的主要国别分布

排序	发文频次	国家/地区	初现年	中心度	国家/地区	初现年
1	42	中国	2001	0.41	美国	2001
2	37	美国	2001	0.18	中国	2001
3	23	土耳其	2003	0.15	澳大利亚	2005
4	13	澳大利亚	2005	0.08	法国	2011
5	12	韩国	2004	0.08	加拿大	2012
6	11	希腊	2001	0.06	新西兰	2005

（三）研究机构合作图谱

与作者合作分析、国家合作分析的结果高度一致，研究机构合作图 2-7 依然表明国际学界的主要研究机构仍以基于各国金融市场状况所开展的分散独立研究为主要模式，仅有中国社会科学院和上海交通大学、莫纳什大学和昆士兰大学之间有少量的学术合作。

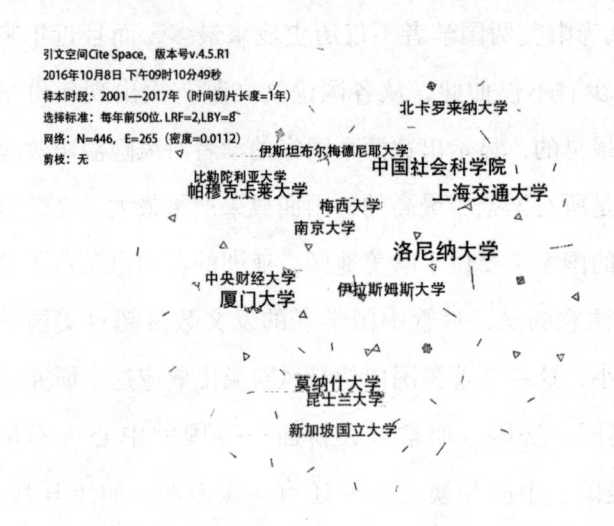

图 2-7　2001—2017 年风险溢出效应文献的研究机构合作图谱

表 2-9 所示的主要研究机构来自中国、希腊、土耳其、澳大利亚和新西兰。其中希腊的约阿尼纳大学发文数量最多，中国社会科学院和土耳其的帕穆克卡莱大学发文数量并列第二，其余研究机构的发文数量并列第三。中国社会科学院、上海交通大学和厦门大学这三家中国的研究机构都成为发文数量较多的主要研究机构，这表明中国学界对风险溢出效应的相关研究贡献较大，已经成为国际学界的一支主要研究力量。从相关文献出现的最早年份来看，排名第一的希腊约阿尼纳大学早在 2001 年就已经开始该领域研究，且发文数量最多，澳大利亚莫纳什大学的学者首次发文在 2005 年，而其余国家的研究机构基本是在 2012 年以后才涌现出来。特别是中国社会科学院、上海交通大学和厦门大学首次发文时间分别在 2008 年、2012 年和 2013 年，相对其他欧美国家研究

机构较晚，但发文数量较多，这表明尽管中国学者的研究起步滞后于欧美国家，但后发优势较为明显。综合作者合作、国家合作和研究机构合作分析的结果，关于金融市场风险溢出效应要重点追踪美国、中国等国学者的成果。

表 2-9 2001—2017 年风险溢出效应的主要研究机构分布

排序	发文频次	研究机构	初现年
1	6	约阿尼纳大学（希腊）	2001
2	5	中国社会科学院（中国）	2008
3	5	帕穆克卡莱大学（土耳其）	2013
4	4	上海交通大学（中国）	2012
5	4	莫纳什大学（澳大利亚）	2005
6	4	厦门大学（中国）	2013
7	4	梅西大学（新西兰）	2013

五、国际文献 Citespace 图谱分析小结

本节采用 Citespace V 对金融市场间风险溢出效应的国际研究成果进行了文献计量分析，并以科学知识图谱的可视化展示方式，详细地分析了该研究领域的知识基础和研究前沿，主要研究结论包括：

第一，通过国际文献的共被引文献聚类分析，本书归纳了 19 个与风险溢出效应相关的重要研究主题，它们构筑了该学科研究领域的知识基础，并且围绕着理论与实证模型的改进以及研究对象范围的拓展这两大线索促使相关研究不断地向前推进。

第二，共被引分析还展示了聚类间关键节点文献信息图谱，通过分析可发现上述各重要聚类的研究主题通过一系列关键节点文献密切关联起来。且由于与聚类 1、聚类 3、聚类 4 和聚类 8 相接的关键路径最多，

它们的研究主题衍生性也最强。

第三，共被引分析的时间线图谱清晰地展示了上述重要研究主题按时间先后顺序向前发展的演化路径。风险溢出效应最早的研究主题是农产品市场供应链间的价格波动溢出关系（聚类10），而基于多元变量 GARCH 模型的金融市场风险溢出效应实证分析（聚类1）、金融市场中的多尺度风险溢出效应（聚类9）和基于 VAR 分析的金融市场风险溢出效应（聚类13）则成为最近三年国际学术界高度关注的研究方向。

第四，共被引文献的突现性结果则直接地反映出风险溢出效应相关的三大研究前沿，它们分别是以波动溢出指数分析金融市场间的波动溢出方向和溢出强度、石油市场与其他各类市场间的波动溢出关系、国际风险冲击对全球新兴市场的影响。

第五，本书还进行了施引文献的合作图谱分析，通过作者合作信息、国家合作信息和研究机构合作信息发现，风险溢出效应领域的主要学者大多来自土耳其、希腊、新西兰等国，而处于中心地位的研究力量集中分布在美国、中国等国的研究机构中，这些研究机构的学术成果引领着风险溢出效应的研究前沿。

根据前文的科学知识图谱分析可以看到，近年来国际学界对风险溢出效应的研究正在不断趋热，而国内学界的研究也有追随国际研究的势头。现阶段，中国的开放式经济发展模式必将使本土市场更深地融合到全球市场中去，从而强化国内外金融市场间的关联性。但在日益复杂的国际金融市场环境下，中国作为全球重要的新兴市场经济体之一，本土金融市场发展还不够成熟，由于金融脆弱性凸显而更易遭受国际市场冲击，产生较高的金融动荡风险。为保障中国金融市场的稳定、健康发展，深入研究国际冲击对中国本土各类金融子市场稳定性产生的影响就显得十分有必要。所以，本书认为基于中国案例的风险溢出效应研究是未来值得国内学界深入探索的研究方向。下一步的研究工作可以针对风险溢出效应的中文文献进行科学知识图谱分析，发现结合中国经济现实状况应当重点予以攻克的课题方向。

第二节　风险溢出效应中文文献的 Citespace 图谱分析

本节将继续从文献计量学的视角出发，运用 Citespace 软件对最近二十年来有关金融市场风险溢出效应的中文文献进行信息可视化综述分析，并从中构建该领域的文献知识基础，进一步挖掘相关研究的演进路径及前沿方向。

一、研究对象及其数据来源

本书将对金融市场间风险溢出效应的国内文献展开文献计量分析，文献数取自中国国家知识基础设施（China national knowledge infrastructure，CNKI）工程集团推出的 CNKI（中国学术期刊网络出版总库）数据库。

运用 CNKI 搜索国内文献时，本书将数据检索条件设定为：数据来源＝"期刊"，与国际文献保持一致，搜索年限＝"2000—2016"，数据来源类别＝"CSSCI（中国社会科学引文索引）"，文献分类目录中的学科领域＝"基础科学"和"经济与管理科学"，主题＝"波动溢出"。

选择"模糊匹配"模式展开搜索①，共获得 513 篇中文文献。为了尽量提高文献引文数据的精准度，避免因混入与研究主题不相关的文献导致文献计量偏差，本书将上述 513 篇初选文献进行了精筛选，首先删除了归属于基础科学及经济管理科学中的"动力工程""环境科学与资源利用""经济理论与思想史"等子学科的部分文献，删除了含有"总目录"和"总目次"字样的各类学术期刊目录，其次手动删除了明显与波动溢出这一研究主题不相关的误检论文，最终精练得到 465 篇符合本书分析要求的中文文献数据。

二、研究方法

作为信息可视化的重要分析工具，Citespace 能将看似庞杂散乱的文献数据信息进行分类统计和聚类，并以图形化界面展示分析结果，能够辅助特定学科领域的研究人员梳理特定主题的知识脉络及其演进知识结构、挖掘近期研究热点、进行知识发现（胡小洋等，2015）。基于上述研究特点，本书将采用文献计量分析、科学知识图谱展示和可视化聚类相结合的方法，通过运行 Citespace III 软件分别对金融市场风险溢出效应的中文文献进行引文分析。

首先对 IV 主题文献进行施引文献分析（含作者合作分析、机构合作分析、国家合作分析），展示相关文献的空间分布知识；然后针对主题文献做共被引聚类分析，挖掘出基于时间演进属性的文献知识结构。Citespace III 文献计量分析的基本条件是时间切片长度为 1 年（除特别

---

① 在模糊搜索模式下，除按照主题词"波动溢出"查找外，CNKI 还以"溢出""波动""溢出比""溢出率""风险溢出效应""期货市场""综合指数""引导关系""日收益率""主成分分析""风险溢出效应综述""风险溢出效应的原因""风险溢出效应研究""波动溢出率研究""波动溢出性"等 15 个高度相关词汇进行了全网搜索。

说明外），阀值选择策略为每个时区中前 50 个高频出现的节点，分析对象的连接强度采用系统默认的夹角余弦距离（Cosine）计算得出。由于 CNKI 数据库中的引文数据未完全开放，Citespace 无法完成引文分析处理（陈悦等，2014），故中文文献侧重以施引文献的科学图谱分析为主，在此基础上进行关键词的聚类分析，以便从中发现国内学界对风险溢出效应的时间演进知识结构。

三、基于空间分布的施引文献分析

金融市场间的波动溢出研究在 2000 年才出现，此时恰好处于亚洲金融危机之后，美国互联网泡沫破灭之期，国际金融市场的屡次剧烈动荡令跨市场的信息关联性和波动传导显著增强，对开放程度日趋强化的中国也具有重大影响，因此国内学者开始关注各类金融市场间存在的风险溢出效应。

（一）作者合作图谱

根据图 2-8 中的作者合作图谱，标记出姓名的重要学者呈散布状分布，也就是说，国内学界对风险溢出效应的研究尚未形成具有主导性的、稳定的研究团队，已有研究仍处于分散探索阶段。按照论文发表频次进行排序，处于研究重要位置的前十位学者有李成（2010）、刘庆富（2006）、熊正德（2007）、刘金全（2003）、王彬（2010）、胡秋灵（2011）、周先平（2013）、何建敏（2011）、张瑞锋（2006）、曾志坚（2009）。

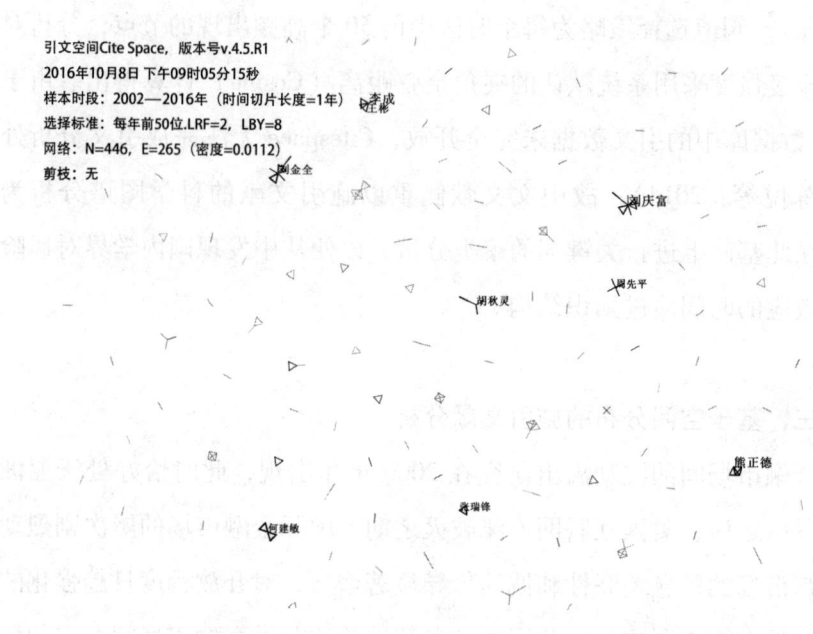

图 2-8　2000—2017 年按发文频次统计的中文文献作者合作图谱

上述诸位学者的研究主题虽然都涉及风险溢出效应，但是研究对象较分散：既有人从全域市场角度出发，研究中国证券市场、货币市场、外汇市场、大宗商品市场间的波动溢出特征（李成，2010；王彬，2010；张瑞锋，2006）；也有人专注于大宗商品市场与证券市场、证券市场与外汇市场之间的风险传导效应（刘庆富，2006；熊正德，2007；胡秋灵，2011；周先平，2013；何建敏，2011）；还有人聚焦于大宗商品期货市场或证券市场内部的风险溢出关系（曾志坚，2009）；抑或是将溢出效应的概念内涵移植到经济增长领域以探索经济增长性与其周期波动性间的关系（刘金全，2003）。研究的对象无论是跨市场风险溢出、境内单一市场跨交易期限风险溢出还是单一市场跨境风险溢出，国内学界的实证技术通常为多元 GARCH 簇模型，共同关注的问题是波动溢出的存在性及其特征，且在研究中国问题时较多地考虑到了宏观经济政策调整和国际金融市场波动对本国各类金融市场的影响。

其中，李成（2010）的研究对象广泛地涉及中国股票市场、债券市场、货币市场、外汇市场、石油市场之间及它们与宏观经济政策之间的风险溢出效应，刘庆富（2006）的研究侧重于我国大宗商品和股票的期货与现货市场间的信息传递关系，熊正德（2007）主要集中于我国股票市场与外汇市场间的风险溢出效应研究，刘金全（2003）从溢出效应的角度来探索我国经济增长性与周期波动性之间的关系，王彬（2010）与李成（2010）的研究方向基本重叠，胡秋灵（2011）更多地侧重于我国股票市场和债券市场的联动关系分析，周先平（2013）专注于境内外人民币外汇市场和人民币债券市场间的跨境波动关联性，何建敏（2011）更强调我国金属期货市场内部及股票期现货市场间的风险传染以及这些市场与房地产市场间的风险溢出效应，张瑞锋（2006）对两个以上的金融市场的波动溢出关系进行了检验，曾志坚（2009）集中于对中美证券市场间的风险传染效应及中国证券市场内部风险溢出效应进行研究。

表 2-10　2000—2016 年按发文频次统计的前十位重要中文文献作者

排序	发文频次	作者	发表年份
1	9	李成	2010
2	9	刘庆富	2006
3	8	熊正德	2007
4	6	刘金全	2003
5	6	王彬	2010
6	6	胡秋灵	2011
7	5	周先平	2013

续表

排序	发文频次	作者	发表年份
8	5	何建敏	2011
9	5	张瑞锋	2006
10	4	曾志坚	2009

注:"发文频次"指的是该作者作为第一作者或与其他学者合作所发表的CSSCI论文篇数,"发表年份"指的是该作者所有论文发表的平均年份。

(二) 研究机构合作图谱

2000年以来,国内研究金融市场风险溢出效应的主要科研力量全部来自高等学校,但它们的图谱分布依然比较分散,也就意味着各高校在风险溢出效应方面的科研尚未形成合力,仅有复旦大学和东南大学;中央财经大学、北京航空航天大学和南开大学这两组高校有少量的研究合作。尽管如此,吉林大学、湖南大学、复旦大学、上海财经大学、东南大学、中南财经政法大学、吉林大学、中山大学在风险溢出效应方面的CSSCI发文数量排在前列,汇聚了该领域在国内的主要科研力量,上述诸所重点大学的相关文献应当重点关注。从各高校发表论文的年份来看,国内关于风险溢出效应的重点或前沿文献大致从2006年以后才开始涌现。所以,国内学界对金融市场间风险溢出效应的研究历程还很短浅,该主题属于金融学的新兴研究领域。此外,Citespace III还标记了两个研究机构合作中的突现点,分别是吉林大学数量经济研究中心和山西师范大学国际商学院。结合前文对作者合作图谱分析的结果来看,吉林大学刘金全、陕西师范大学胡秋灵的研究成果代表着国内风险溢出效应研究中的两大热点方向①，一是借助溢出效应的概念内涵研究中国经济增长与周期波动的关系，二是以中国股票市场为波动传导核心，探讨股市与其他证券市场的波动溢出关联性。

表 2-11 2000—2016 年按发文频次统计的前十所中文文献研究机构

排序	发文频次	研究机构	发表年份
1	24	西安交通大学经济与金融学院	2006
2	18	吉林大学数量经济研究中心	2003
3	16	湖南大学工商管理学院	2007
4	12	复旦大学金融研究院	2006
5	12	上海财经大学金融学院	2007
6	11	东南大学经济管理学院	2007
7	10	中南财经政法大学金融学院	2012
8	10	吉林大学商学院	2006
9	7	吉林大学经济学院	2014
10	7	中山大学岭南学院	2009

（三）关键词共现图谱

尽管风险溢出效应的主要研究者和机构分布较为分散，但是它们的研究成果中关键词共现集中度较高，图 2-9 中出现了三个明显的年轮节点，在所有文献关键词中具有最大中心度，这三个年轮阶段对应的关键词分别是溢出效应、波动溢出和风险溢出效应。由于 Cietspace III 在分析关键词共现时截取的是 CIKI 数据库中每篇中文文献列出的关键词，而每位作者对波动溢出的术语表达存在少许差异，所以分析结果中溢出

---

① 吉林大学数量经济研究中心的突现值为 5.46，陕西师范大学国际商学院的突现值为 3.48，其中后者名称并未出现在按发文频次统计的前十所中文文献研究机构中，其排名为第 13 位。

效应、波动溢出和风险溢出效应作为三个不同的关键词来对待。但本书认为，这三个关键词应当视为同一个金融术语，由于它们出现的频次已经合计超过250次，远超其余关键词的共现频次之和，因此可认为国内学界的研究问题导向具有较高的一致性，大部分文献集中探讨的是风险溢出效应的存在性及其特征如何。

引文空间Cites Space，版本号v.4.5.R1
2016年10月8日 下午09时20分57秒
样本时段：2002—2016年（时间切片长度=1）
选择标准：每年前50位，LRF=2，LBY=8
网络：N=376，E=793（密度=0.0112）
剪枝：无

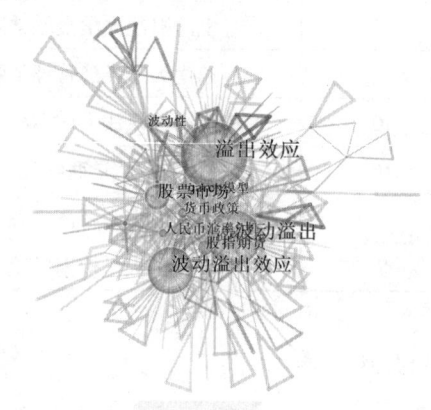

图 2-9　2000—2016 年出现频次统计的关键词共现图谱

如表 2-12 所示，共现频次排名第 3—10 位的关键词指明的是风险溢出效应针对哪些金融市场类型（股票市场、股指期货、人民币汇率）、采用何种实证技术（GARCH 模型）以及用于解释何种现象（波动性、价格发现）。由此可见，国内学界最为重视股票现货市场、股指期货市场以及境内外人民币汇率市场中的风险溢出效应，且上述金融市场的波动深受国家宏观货币政策调整的影响，在金融体系深化改革的重要阶段，股票市场和外汇市场作为事关中国金融稳定的关键市场地位得到了研究者的一致认同。国内学界研究风险溢出效应所采用的实证技术也紧跟国际学界主流，不断地吸收借鉴国际学界对金融时间序列的前沿技术，但无论具体采用何种实证方法，向量 GARCH 簇模型已经成为检验风险溢出效应的核心技术方法。另外，国内学界研究风险溢出效应主要是为了解决在开放金融环境下，金融资产价格波动风险的跨境或跨市场传染机制，抑或是通过风险溢出效应来揭示中国金融市场的本土定价功能。在共现频次排名前十的关键词中，波动性是唯一的突现词，其突现值为 5.09，也就是说，通过分析金融资产价格风险溢出效应来探查金融市场间的风险跨境、跨市场传染机制是国内学界在该领域的唯一研究热点。

表 2-12 2000—2016 年按出现频次统计的前十个关键词

排序	频次	突现值	关键词	年份
1	103		溢出效应	2002
2	83		波动溢出	2005
3	71		风险溢出效应	2003
4	44		股票市场	2007
5	22		股指期货	2011
6	17		人民币汇率	2008
7	17		货币政策	2010
8	16		GARCH 模型	2005
9	13	5.09	波动性	2003
10	12		价格发现	2006

四、基于时间演进的关键词共现分析

为了进一步发掘国内学界金融市场风险溢出效应研究的时间演进趋势,本书将关键词共现分析的时间切片调整为2年,绘制出8幅关键词共现图谱,并提取了其中的关键信息制作成表2-13,从而将2002—2016年的国内研究分为三个主要发展阶段来分析:

表2-13 2002—2016年基于时间演进的关键词共现

排序	2002—2003年					2004—2005年				
	频次	突现值	关键词	年份		频次	突现值	关键词	年份	
1	103		溢出效应	2002		83		波动溢出	2005	
2	71	5.46	风险溢出效应	2003		16	3.23	GARCH模型	2005	
3	17	4.29	波动性	2003		6		均值溢出效应	2005	
4	10		信息传递	2003		5		证券市场	2005	
5	6		经济增长	2003		2		风险溢出效应	2005	
6	6		通货膨胀	2003		2		ARCH	2005	
7	4		向量GARCH模型	2003		2		EGARCH	2005	
8	3		收益率	2003		2		GARCH VAR	2005	
9	3		资本市场	2003		1		ARCH M	2005	
10	2		冲击反应函数	2003		1		A、B股市场	2005	
排序	2006—2007年					2008—2009年				
	频次	突现值	关键词	年份		频次	突现值	关键词	年份	
1	13	4.29	价格发现	2006		43	11.56	股票市场	2008	
2	11		期货市场	2006		18	4.68	人民币汇率	2008	
3	10		溢出效应	2006		13		风险溢出效应	2008	
4	10	3.61	多元GARCH模型	2006		13		溢出效应	2008	
5	7		波动性	2006		12		波动溢出	2008	

续表

6	7		动态相关性	2006	11	3.59	债券市场	2008
7	6		波动溢出	2006	10		风险溢出效应	2009
8	6		多元 GARCH	2007	4		信息传递	2008
9	5		GARCH 模型	2006	4		波动性	2008
10	5		石油价格	2007	4		即期汇率	2009
排序	\multicolumn{4}{c}{2010—2011 年}	\multicolumn{4}{c}{2012—2013 年}
	频次	突现值	关键词	年份	频次	突现值	关键词	年份
1	24		溢出效应	2010	22		波动溢出	2012
2	23	7.44	股指期货	2010	17		风险溢出效应	2012
3	18		波动溢出	2010	16		溢出效应	2012
4	18	6.33	货币政策	2010	11		股票市场	2012
5	12	3.3	金融危机	2010	7		股指期货	2012
6	11		股票市场	2010	7		货币政策	2012
7	10	3.66	BEKK GARCH 模型①	2011	7		金融市场	2012
8	9		风险溢出效应	2010	6		DCC MVGARCH②	2012
9	8		非对称性	2010	6		价格波动	2013
10	4		GARCH 模型	2010	5		价格发现	2012
排序	\multicolumn{4}{c}{2014—2015 年}	\multicolumn{4}{c}{2016—2016 年}
	频次	突现值	关键词	年份	频次	突现值	关键词	年份
1	21		溢出效应	2014	15		溢出效应	2016
2	20		风险溢出效应	2014	6		股票市场	2016
3	19		波动溢出	2014	5		波动溢出	2016
4	9		股指期货	2014	5		风险溢出效应	2016
5	8	、	人民币汇率	2014	4		货币政策	2016

---

① BEKK GARCH 模型是恩格尔和科罗纳（1995）提出的一种多元 GARCH 模型。

② DCC MVGARCH 模型即 Dynamic Conditional Correlation Multivariate Generalized Autoregressive Conditional Heteroscedasticity Model，是指动态条件相关—多元广义自回归条件异方差模型。

续表

6	7		股票市场	2014	2		CCF 检验①	2016
7	5		BEKK GARCH 模型	2014	2		DCC MVGARCH	2016
8	5		大宗商品	2014	2		VEC BEKK GARCH②	2016
9	4		价格波动	2014	2		人民币汇率	2016
10	4		农产品价格	2014	2		基准利率	2016

第一阶段（2002—2005）：2002—2003 年的时间切片存在两个明显的年轮节点，分别是溢出效应和风险溢出效应，表明在亚洲金融危机和美国互联网泡沫破灭之后，国内学界开始注意到金融全球化进程中不可忽视的金融市场信息跨境传导在增强，可能对日益开放的中国金融业带来波动溢出。2004—2005 年间只显示出唯一的年轮节点（即波动溢出），2006—2007 年间的几个主要年轮节点半径较小，说明溢出效应、期货市场、波动性、波动溢出、GARCH 模型、风险溢出效应的贡献频次比 2000—2005 年间少。这说明在此期间国内学界的相关研究跟进不足，研究进入了暂时冷淡期。

第二阶段（2006—2013）：2008—2009 年间的年轮节点最明显的是股票市场，然后是波动溢出、溢出效应、风险溢出效应、人民币汇率等。金融危机往往会强化风险溢出效应，2008 年美国次贷危机引发全球金融市场大震荡，资产价格波动风险的跨境、跨市场传染激发了国内学界的研究兴趣，特别是对人民币汇率市场和股票市场这两大关键金融市场的风险溢出效应出现了一批重要研究文献。2010—2011 年间的年轮节点数较多，对应的关键词是溢出效应、股指期货、波动溢出、货币政策、金融危机、股票市场、BEKK GARCH 模型、风险溢出效应、非

---

① CCF 检验即 Cross Correlation Function 检验，或互相关函数检验。
② VEC BEKK GARCH 模型是具有向量误差修正的 BEKK GARCH 模型

对称性。2012—2013年间较大的年轮节点是波动溢出、风险溢出效应、溢出效应，然后是股票市场、股指期货、货币政策、金融市场，这样的关键词共现特征延续了2008—2009年的研究趋势，体现出了后次贷危机时代金融市场关联性研究的重要性。当然，2010年以后的国内文献更强调采用恰当的金融时间序列模型对风险溢出效应特征进行刻画，因此BEKK GARCH模型得到了广泛的应用。

第三阶段（2014—2016）：2014—2015年间的年轮节点包括溢出效应、风险溢出效应、波动溢出、股指期货、人民币汇率、股票市场、BEKK GARCH模型、大宗商品等，在延续上一时段研究趋势的同时，国内学者对风险溢出效应的研究市场对象更加分化、细致。以2016年作为单独时间切片的图谱显示出来的年轮节点是溢出效应、股票市场、波动溢出、风险溢出效应、货币政策、DCC MVGARCH模型等。本阶段国内学界对风险溢出效应的研究趋于深入，无论是对实证技术的选择还是对波动溢出特征的刻画都更加丰富和细致，遗憾的是近期研究热点并不突出，且与第二阶段相比近期研究有趋冷迹象。

总的来说，从2002年至今国内学界风险溢出效应这一研究主线非常稳定，而且逐步走向了深入，在风险溢出效应的研究对象市场方面，从早期仅关注某一类金融市场（如股票市场）跨境风险传导，到后期关注多类金融市场（如债券市场、货币市场、外汇市场、大宗商品市场、金融衍生品市场等）内部及其相互间的跨市场风险传导，研究不断细化和丰富，这与国际文献的研究演化趋势保持了一致。

五、网络关键词聚类分析

关键词聚类分析的时间区间为2002—2016年，时间切片长度为1年，网络节点数 N = 376，E = 793，密度 = 0.0112，Q 值 = 0.6193，S

值=0.5908。其中，模块值 Q>0.6，表明聚类结果中划分出来的社团结构是显著的，平均轮廓值 S>0.5，说明本书得出的聚类合理。从表2-14 和图 2-10 中排名前五的聚类组别可以看出，国内相关文献中最引人注目的研究方向是开放金融条件下的金融市场风险溢出效应、股票市场中的风险溢出效应以及通过波动溢出性检验中国金融期货价格指数的价格发现力。而对于外汇市场、债券市场、石油市场及其他大宗商品市场间的风险溢出效应研究略偏少。根据不同聚类组别中列示的聚类成员结果，国内文献对风险溢出效应的研究偏重于实证检验，GARCH 簇模型是主流技术模型，实证结果主要用于验证风险溢出效应的存在性及其非对称性、长记忆性等溢出特征，这与国际文献的研究重心是一致的，只不过国内文献更加注重在金融全球化背景下探索中国各类金融市场上存在的波动溢出性，据此描述中国金融市场功能的新变化。

表 2-14　2002—2016 年金融市场风险溢出效应相关文献的关键词聚类

聚类序号	聚类成员	平均轮廓值	平均年份	聚类名称
0	49	0.761	2009	金融开放
1	36	0.852	2009	股票价格
2	32	0.807	2009	价格溢出效应
3	31	0.777	2009	中国金融期货价格指数
4	31	0.776	2011	股票市场
5	29	0.888	2005	石油价格
6	28	0.782	2009	格兰杰因果检验
7	23	0.826	2012	人民币汇率
8	21	0.851	2013	货币政策
9	11	0.953	2011	大宗商品
10	10	1	2006	波动性特征

续表

聚类序号	聚类成员	平均轮廓值	平均年份	聚类名称
11	9	0.957	2009	SHIBOR①
12	8	0.948	2007	对外开放

图 2-10　2002—2016 年金融市场风险溢出效应中文文献的关键词聚类图

六、中文文献 Citespace 图谱分析小结

本节针对 2002—2016 年 CNKI 数据库中关于金融市场风险溢出效应的中文文献展开了文献计量分析，通过对施引文献的合作图谱分析、关键词共现性分析和网络关键词聚类分析，可以得出以下结论：

第一，国内学界关于金融市场风险溢出效应的研究所涉及的市场领域较为广泛，涉及证券市场、外汇市场、大宗商品市场、金融衍生品市

---

① SHIBOR 即 Shanghai Interbank Offered Rate，上海银行间同业拆放利率。

场等类型，且研究问题包括跨市场风险溢出、境内单一市场跨交易期限风险溢出及单一市场跨境风险溢出等多个层面。

第二，历年来国内学界对金融市场风险溢出效应的存在性及其特征展开了丰富的实证研究，但实证技术追随了国际主流，大多采用GARCH簇模型来完成检验。随着研究技术的升级，学界对中国金融市场间跨市场的风险传染路径及其机制的理解也更为透彻。不仅如此，国内学界更为重视宏观经济政策调整和国际金融冲击对本土金融市场的溢出作用。

第三，从2002年以来，关于金融市场风险溢出效应的研究日益受到学界重视，相关研究不断深入细化。其中，通过分析金融资产价格风险溢出效应来探查金融市场间的风险跨境、跨市场传染机制已经成为国内学界在该领域的研究热点。

现阶段，中国的开放式经济发展模式必将使本土市场更深地融合到全球市场中去，从而强化国内外金融市场间的关联性。但在日益复杂的国际金融市场环境下，中国作为全球重要的新兴市场经济体之一，本土金融市场发展还不够成熟，由于金融脆弱性凸显而更易遭受国际市场冲击，产生较高的金融动荡风险。为保障中国金融市场的稳定、健康发展，深入研究国际冲击对中国本土各类金融子市场稳定性产生的影响就显得十分有必要。所以，本书认为基于中国案例的风险溢出效应研究是未来值得国内学界深入探索的研究方向。基于上述结论，金融市场风险溢出效应的未来研究可以从两个方向纵深推进：一是采用更加前沿的实证方法来检验跨境、跨市场的金融风险溢出效应；二是紧密结合当前国际金融环境和国内经济政策形势，对各类金融市场间的风险传导特征及其机制进行深入研究。

第三章

货币风险溢出效应的文献研究进展

金融市场间的风险传染表现为资产价格的风险溢出效应。在全球金融市场波动及其风险传递日趋频繁的背景下，风险溢出效应已经成为金融市场研究领域的一个前沿方向。风险溢出（或称为波动溢出）可视为金融资产价格所隐含的自相关信息流序列，或者市场参与者对价格不确定性或估值风险的溢出特征的反映，它不仅反映了新信息在金融市场中的传导以及市场吸收该新信息的程度，还被视为金融风险跨境传导的重要机制（阿布拉和谢瓦利尔，2014；荣格和马德里希，2014）。尽管各类金融市场之间普遍存在关联性，但由汇率波动引发的风险溢出最易通过外汇市场传导至各国境内，影响本国金融市场稳定，因此研究各国货币汇率间的风险溢出效应，掌握跨汇率风险传染的表现形式及其传导机制，这对于资产定价、资产组合策略选择、金融风险管理乃至国家宏观经济政策制定都具有十分重要的意义。鉴于开放经济条件下新兴经济体货币汇率波动更为频繁，风险溢出对本国金融脆弱性的影响更大，全面回顾货币风险溢出效应的相关研究进展，能够为更加深入地研究人民币及其他新兴市场货币间的风险溢出问题提供思路借鉴。

第一节 汇率波动风险特征的刻画

国内外学界研究发现，汇率不仅仅是两国货币价值的相对价格度量，它作为金融资产不但符合尖峰、厚尾的非正态统计性，更表现出随机过程性、波动聚集性和状态转移性，由这些特征产生的汇率风险会通过新信息的跨市传导而波及其他货币，形成汇率风险溢出效应。因此，识别汇率风险特征成为进一步研究风险溢出效应的基本前提。根据上述汇率风险特征，刻画汇率风险特征的理论方法可分为三大类，一是反映汇率时序随机过程的各种汇率波动率模型，二是描述汇率风险动态过程的时间序列分析法，三是研究汇率风险状态转移性的区制转换模型。

一、汇率波动率模型

汇率波动率模型比较注重对汇率波动随机过程的模拟，主要模型包括随机波动率（Stochastic Volatility，SV）模型、隐含波动率（Implied volatility，IV）模型、实际波动率（Real Volatility，RV）模型和意外波动率（Volatility Surprise）模型。SV模型将资产收益作为信息到达随机过程的函数进行建模，从而产生了关于资产收益的时变波动风险模型。隐含波动率模型则是根据外汇期权等衍生产品定价模型倒推得到的预期波动率，可用于分析同一货币不同到期期限的外汇期权中隐含波动率之差的预测能力（卡姆帕和章，1995）。实际波动率是基于收益分解和二次变动理论求得的期权有效期内投资回报率波动程度，对多元汇率序列的风险刻画能力较强。意外波动率的概念最早由滨尾等（Hamao et al.）（1990）提出，描述的是汇率波动风险中不可预测的部分。在已经可以通过汇率条件方差很好地拟合汇率风险特征的情况下，意外波动率的引入更能吸引市场投资者的注意，因为提取了汇率波动残差中不可预测的信息部分，就能够更准确地做出汇率预测，完善汇率定价机制（阿布拉和谢瓦利尔，2014）。

二、时间序列分析法

汇率波动的时间序列分析法以收益率估计的条件方差作为度量汇率风险的参数，侧重于对条件方差动态过程的模拟，其理论方法是针对汇率波动方差动态机制建模的时间序列分析法，即 ARCH 簇以及 GARCH 簇模型（冯芸等，2012）。ARCH 簇和 GARCH 簇模型的原始形态是单变量 ARCH 模型，最早由恩格尔（1982）提出，随后不断衍生出更为复杂的模型序列，形成 ARCH 簇模型，用于刻画汇率数据中存在的波动聚集性等特征。尤其是从 ARCH 模型扩展形成的 GARCH 模型，它解决了 ARCH 模型在估计过程中 Q 值过大而造成的难题，更准确地模拟出汇率波动的动态机制：GARCH-M 模型分析汇率异方差风险的收益补偿；门限 GARCH（Threshold GARCH TGARCH）、指数 GARCH 模型描述汇率波动的非对称性。

三、区制转换模型

汇率波动的区制转换类模型大多基于金融资产价格时序符合 Markov 随机过程的基本假定，认为汇率风险积聚在不同的区制状态下会表现出差异化特征，故传统的线性时间序列研究法不足以准确地描述这种非线性动态过程。汉密尔顿和苏斯梅尔（Hamilton and Susmel）（1994）将 Markov 随机过程引入 ARCH 模型中，首创了 SWARCH 模型来模拟股票价格波动风险的动态特征，拟合效果优于线性 GARCH 模型。此后区制转换类模型被用到汇率波动问题的研究中，博伦等（Bollen et al.）（2000）通过货币期权价格发现了汇率波动具有区制转移特征，王喜军和林桂军（2008）也检验出人民币官方和黑市汇率存在区制转移波动特征，冯芸等（2012）则验证了全球主要货币汇率在不同期限结构上都具有依赖区制转移的波动特征。

第二节 货币风险溢出效应的理论基础

目前货币风险溢出效应的相关研究都是基于有效市场假说或者市场微观结构理论。这两种理论分别从市场宏观表现或微观结构特征等角度研究汇率波动的随机特征，并进一步地探讨不同汇率间的波动关联性，为货币风险溢出效应的存在构建了基本理论框架。

一、有效市场假说与外汇市场有效性

勘达尔（Kendall）（1953）最早发现了股票价格的随机波动范式，随后法玛（Fama）（1965）提出了有效市场假说（Efficient Market Hypothesis，EMH）。在有效金融市场上，市场接收到新信息之后就会立即把价格调整到位，使资产价格呈现随机走势，因而可以认为是新信息在市场间的传播导致了资产价格波动，越成熟的市场其信息反应机制就越敏感（周洛华，2004）。根据 EMH 的主要思想，汇率波动就是一国货币对国际金融市场信息的定价，外汇市场有效性的研究就是从市场宏观表现来考察汇率定价的效率，其基本原理是以汇率波动随机性作为判别外汇市场是否充分吸收了当前市场信息的标准，通过检验即期远期汇率对未来即期汇率的预测偏误来推断外汇市场的有效性。运用汇率决定的利率平价理论（包括套补利率平价 CIP 和非套补利率平价 UIP）可推导出未来即期汇率与当前远期汇率的数理关系模型。一国外汇市场有效性一般是通过检验即期汇率和远期汇率的协整性来验证的，除此之外也可采用预测误差线性分析法或即远期汇率的共变特征检验来验证（瑞普和沙玛，1999；严敏，2012）。国内外学界对外汇市场有效性在理论建模上的分歧主要是汇率波动随机性的刻画，争议的焦点在于汇率波动应当服从随机游走还是鞅过程（戴国强和李良松，2008）。现有文献主要对英镑、日元、德国马克、瑞士法郎等高度国际化的外汇市场进行了市场有效性检验，但基本上都拒绝了这些发达国家的外汇市场有效性，检验失效的原因归结为风险中性和理性预期的假设条件不够合理。由此出发，一批学者在风险非中性条件下运用外汇市场的风险补贴（Risk Premium）、投机泡沫（Speculative Bubbles）、比索问题（Peso Problem）和新闻模型（News Model）等理论来进行解释；另一批学者在非理性预期或不完全信息条件下从外汇市场微观结构理论出发，对市场特征和市场交易者的实际行为进行了解释，所选取的解释变量包括外汇市场结构、外汇交易量、交易者异质性、外汇交易机制、汇率波动幅度等（姜波克，2001）。

如果说一国外汇市场的有效性反映了单一货币的汇率定价效率，那么跨国外汇市场的有效性则体现了不同货币汇率的定价效率差异，其原因在于同类资产定价机制的相互影响使得该类资产在跨国金融市场上表现出价格联动性，从而波及各国金融市场的有效性（郭灿，2004）。跨国外汇市场的有效性是对一国外汇市场有效性的扩展，其检验方法是判别各国即期汇率（或远期汇率）之间的协整性，若协整关系存在，就表明即期汇率（或远期汇率）之间的不可预测性被否定，从而跨国外汇市场之间的有效性不成立，相应的实证技术主要是多变量协整法和多变量共变特征检验法（全和徐，2003）。但值得注意的是，采用不同实证技术和不同国家样本得出的结论都是一致的，即无论对 G7 国家还是东亚国家（包括泰国、印尼、马来西亚和韩国）而言，汇率波动的协整关系成立，否定了跨国外汇市场的有效性推断。由此可知，跨国外汇市场有效性检验证实了不同货币汇率之间的波动关联性，实际上暗含着一种论证观点，即新信息的跨市场传播会引发跨货币风险溢出效应。

二、外汇市场微观结构理论

外汇市场微观结构理论主要研究市场参与者的信息传递、市场主体行为、订单流的重要性以及市场主体的预期异质性对汇率波动性的影响，其中比较关注市场中的信息传播对汇率波动的重要性（姜波克等，2002）。恩格尔等（1990）就认为，在一个有效的外汇市场上具有高频率数据特点的 ARCH 效应归因于到达市场信息的数量、质量或者市场经纪人完全拥有新信息所必需的时间。于是，市场信息扩散可能会导致汇率波动违背随机游走模型。ARCH 簇或 GARCH 簇模型则因其准确地拟合了汇率波动特征，提高了汇价预测精度，被广泛地运用到了汇率波动性研究领域。迪博尔德和保利（Diebold and Paolly）（1988）就率先使用多元 ARCH 模型检验了欧洲货币体系（European Money System，EMS）建立后其主要成员国货币汇率间的波动相关性。他们的研究结论显示，EMS 的成立提高了成员国间的政策协同度，因此，1979 年后主要成员国货币汇率的条件方差和协方差不断增加，这意味着信息跨市场传导途径的疏通使得各国货币联动性增强，特别是汇率波动导致的双向风险溢出效应越发凸显。不仅如此，如果用汇率高频交易数据来验证"公众信息"假设，以分析公众信息传播对汇率波动的作用，结果会发现单个汇率的波动既受本国可得的公众信息影响，也会受到其他国家的影响。在两个国家交易时间得到的公众信息将会影响汇率的波动性,且波动性会随着一些重要的宏观经济信息的获得而增加(哈维和黄,1991)。这些研究结论同样揭示出信息跨市场传播会强化各国货币汇率波动关联性,甚至产生跨货币风险溢出效应。

第三节 货币风险溢出效应的实证检验

由于金融市场中信息扩散效率较高,流动性较强,对于股票市场、债券市场、货币市场、外汇市场、贵金属以及大宗商品市场来说,单一市场内部或者跨市场间都可能发生风险溢出,因而风险溢出效应是广泛存在于各类金融市场中的(阿布拉和谢瓦利尔,2014)。国内外学界主要研究结论显示:第一,成熟市场(或新兴市场)彼此之间往往存在着双向、对称的风险溢出效应;成熟市场与新兴市场之间则具有单项、非对称的风险溢出效应,且前者通常是风险导出源头,而后者是风险传染对象(卡皮耶洛等,2006)。第二,金融市场风险溢出效应具有明显的时变特征,即在金融危机发生期间风险溢出明显加剧,而在非危机发生时期风险溢出则趋于弱化(爱德华兹和苏斯梅尔,2001)。学术界对于各类权益性资本市场间的风险溢出已经取得了丰富的研究成果,但是对于货币风险溢出效应的研究相对偏少,现有研究包括两个层次:一是一国外汇市场中的即期汇率与远期汇率之间以及针对同种货币的境内汇率与境外汇率(包括 NDF)之间的风险溢出效应,即单一货币的汇率风险溢出效应;二是不同货币的各种汇率之间的风险溢出效应,即跨国跨货币的汇率风险溢出效应。

一、单一货币的汇率风险溢出效应

在研究单一货币的不同期限汇率以及境内外汇率之间的风险溢出效应时，多变量 ARCH 或 GARCH 簇模型得到了最广泛的运用，其主要目的是检验即期汇率与不同到期期限的远期汇率之间具有何种波动相关性，由此可以确定汇率定价的主导市场（恩格尔等，1990；安德森和布勒斯勒夫，1998）。在针对亚洲货币相关性的同类研究中，境内外人民币外汇市场间的风险溢出效应成为近年来国内外学界高度重视的研究领域。学者对人民币境内即期汇率、境内远期汇率、NDF 汇率以及香港远期汇率之间的风险溢出效应展开了多层次的研究，所采用的实证技术也从早期的 VAR 模型转移到了 ARCH 或 GARCH 簇模型，基本研究结论是，随着人民币汇率制度的改革，境内外汇市场上人民币汇率报价弹性扩大，其对境外 NDF 汇率的单向风险溢出效应不断增强，这意味着人民币汇率的定价权正逐渐从境外离岸市场转移至境内市场（黄学军、吴冲锋，2006；张自然、丁日佳，2012；徐晟等，2013）。

二、跨国跨货币的汇率风险溢出效应

相关文献研究聚焦于跨市场风险溢出关系测度以及风险溢出的时变特征。关于跨市场风险溢出强度的测度参数，一种是基于 VAR 模型的方差分解法构建的 D&Y 风险溢出指数（迪博尔德、伊尔马兹，2009），它不仅可用于直观地比较不同市场的风险溢出强度，还能进一步分离出风险溢出的源头（卡弗里、克兹，2014；卢齐斯，2015；陈昊等，2016）；另一种则是布勒斯勒夫（1990）提出的多元 CCC-GARCH 模型中的条件协方差相关系数，由于它反映了两市场波动率的相关性，是最典型的风险溢出测度参数，被学术界广为使用。

第三章 货币风险溢出效应的文献研究进展

随着向量 GARCH 模型的衍生发展，国内外学界对跨货币风险溢出时变特征的研究日渐丰富起来，不过研究对象更偏重于发达国家，各国学者普遍关注欧元、美元、日元、英镑等世界货币间的汇率风险溢出问题。布勒斯勒夫（1990）检验了 5 种主要的欧洲货币（德国马克、法国法郎、意大利里拉、瑞士法郎、英镑兑美元汇率）汇率在欧洲货币体系成立前后的条件波动率相关性，发现在欧洲货币体系成立后汇率波动率的相关性显著增强。贝利等（Baillie et al.）（1991）则运用 1922—1925 年的早期数据实证发现货币波动率并未出现系统性效应，且一国货币汇率波动对另一国货币汇率变动并无预测价值。麦克米伦和鲁伊兹（McMillan and Ruiz）（2009）发现日元、美元和英镑兑美元汇率之间确实存在一定程度的时变相关性。在新兴市场的研究方面，斯佩特和泰勒（Speight and Taylor）（2002）发现了 6 种前东欧社会主义国家货币汇率存在一定程度的风险溢出效应。类似地，鲁伊兹（2009）检验了 12 个拉丁美洲国家的汇率风险溢出效应，发现这种效应只在部分国家间存在。雷布司松（Rapustsoane）（2008）运用扩展指数 GARCH 模型检验出南非兰特与欧洲货币汇率存在着负向波动相关性，与亚洲和拉美货币汇率则不存在任何波动相关性。仅有少数学者的研究对象涉及包括人民币在内的亚洲新兴经济体货币。科拉韦基奥和冯克（Colavecchio and Funke）（2008）认为人民币与亚洲主要货币间存在风险溢出效应，且人民币汇率问题是风险溢出的源头。杨娇辉和王曦（2013）发现了人民币、新台币和韩元等 3 种东亚货币间存在着韩元向新台币、新台币向人民币的单向风险溢出关系。王中昭和杨文（2014）证实了人民币与东盟七国货币间的时变风险溢出效应，且其溢出强度具有在 2010 年人民币汇改前后由弱变强的结构突变特征。

第四节　对已有研究的评述

国内外学界关于金融市场中跨货币风险溢出效应的研究已经取得了丰硕成果，但仍然存在一系列值得拓展的研究方向。

一、汇率波动风险特征的刻画

现有文献对于汇率波动的风险特征刻画不够准确。已有研究通常认为，汇率作为金融资产价格最典型的风险特征就是波动聚集性，这可以通过汇率时序的条件异方差变动过程来捕捉，而条件异方差可用具有线性性质的 ARCH 或 GARCH 模型来刻画。但实际上汇率往往表现出非连续的跳跃波动过程，这会导致汇率时序的结构突变。虽然简洁的 ARCH 或 GARCH 模型能够反映汇率波动风险的时变性，却无法体现出由突发事件引起的数据结构变化（爱德华兹和苏斯梅尔，2001），从而造成对汇率波动聚集性的高估（汉密尔顿和苏斯梅尔，1994；卡纳雷拉和伯拉德，2007）。而现有文献对中国和东南亚、南亚等新兴市场国家货币的汇率风险非线性特征研究较为欠缺。与欧美发达外汇市场相比，亚洲货币的汇率更易表现出暴涨暴跌的间断式跳跃波动行为，甚至出现结构突变（陈蓉、郑振龙，2009），而这种非连续的价格波动较为符合 Markov 区制转移特征（王喜军、林桂军，2008），还会扭曲汇率风险的跨境传导，但学术界对这种非线性风险特征尚缺乏深入研究。为纠正间断式跳跃或结构突变的金融资产价格时序的估计偏误，可用的处理方法有三种：

第一，采用异常值探测法筛选出价格时序中的异常值，并进行平滑校正（魏巍贤、林柏强，2007），这种方法避免了模型设定的复杂性，但是由于改变了原始时序的数据形态，可能造成信息的损失。

第二，将可能导致金融资产价格间断式跳跃的偶发事件或冲击设定为虚拟变量，消除由此导致的估计偏误（杨娇辉、王曦，2013），这种方法以简洁的方式改进了模型拟合效果，但是对导致金融资产价格时序异常波动的事件认定存在主观性，有时可能难以充分识别所有事件。

第三，根据对金融时序的统计特征推断对价格时序模型做出改进，引入 Markov 区制转移特征（丁志国等，2007），允许资产价格波动风险存在多种状态，这种方法在确保数据信息含量不丢失的同时，比较完整地刻画了价格时序在各种区制状态下的波动特征。正是由于具有了这些优势，运用 Markov 区制转移的动态随机模型来研究金融资产价格的风险特征及其产生的跨市场风险溢出效应已逐渐引起国内外学界的兴趣，但现有研究领域仍局限于股票、债券等权益性资本市场，在外汇市场中的运用仍较为少见。

二、跨货币风险溢出效应的实证模型优化

运用各种扩展的线性 GARCH 模型研究跨货币风险溢出效应存在着明显的弊端，即无法捕捉到由小概率事件引起的汇率非线性结构变化（爱德华兹、苏斯梅尔，2001），会导致风险溢出效应的估计结果偏误，从而遗漏掉很多重要且非常有意义的发现（汉密尔顿、苏斯梅尔，1994；卡纳雷拉和伯拉德，2007）。运用 Markov 区制转移的动态随机模型来研究金融市场风险溢出效应已逐渐引起国内外学界的兴趣（爱德华兹、苏斯梅尔，2001；加洛和奥特朗托，2008），但在跨货币风险溢出效应中的运用仍然罕见。只有王中昭和杨文（2014）在研究人民币与东盟七国货币汇率时变风险溢出效应时引入了具有两个断点的结构突

变模型,但此模型设定未必能够完整地识别出样本区间内的所有异常波动事件。考虑到人民币等新兴货币汇率更具有随国际金融市场震荡而频繁发生波动状态转移的特点,现有文献对新兴货币汇率的非线性动态过程的忽略很可能造成对跨货币风险溢出强度的高估(荣格、马德里希,2014),适宜的修正方法是采用向量 SWARCH(p,q)模型①进行检验。

三、跨货币风险溢出效应的研究对象

对中国与周边新兴市场国家的跨货币风险溢出效应存在较大研究空间。如前所述,关于世界货币间或者新兴市场货币间的汇率风险溢出效应并未得到一致性的研究结论,这意味着相关研究结论完全依赖于研究对象的选取。即便对于新兴市场货币而言,在因贸易高度关联而形成的不同货币圈内部,各国汇率之间的风险溢出效应也可能表现出具有区域特色的时变特征(爱德华兹、苏斯梅尔,2001)。

仅有少数学者的研究对象涉及包括人民币在内的亚洲新兴货币。据 2004 年国际清算银行对亚洲货币相关性的研究显示,人民币与印尼盾、菲律宾比索的即期汇率相关系数均高于其他货币;在剔除美元的影响后,人民币与东盟各经济体货币汇率的相关性随时间推移还在上升(张施杭胤,2013),近年来还与马来西亚林吉特开通了做市商直盘报价交易,与老挝基普、泰铢、越南盾实现了直接挂牌交易,人民币在东盟外汇市场上的凝聚力逐渐形成。鉴于以人民币为主导的东亚货币圈已经形成,深入辨析其独具区域特色的风险溢出特征就很有必要。

---

① SWARCH(2,1)模型表示具有两个区制状态,滞后一期 ARCH 项的马尔科夫区制转移自回归条件异方差模型。

一直以来，学术界比较重视境内外人民币外汇市场间的联动关系，极少关注人民币与周边新兴市场国家货币的汇率风险溢出效应，导致无法完整地揭示东亚、东南亚外汇市场风险冲击影响我国沿边金融安全的机理。更重要的是，尽管已有文献研究注意到了境外汇率波动冲击对人民币汇率的影响强度和持续性，但未考虑到人民币与其他货币汇率间的风险传染机理也会因汇率波动状态的转移而发生改变，从而有可能在不同的汇率波动状态下表现出不同的风险溢出效应，因而不足以准确地模拟出跨货币风险溢出效应的发生机理。

四、进一步研究思考

随着人民币在东盟地区主导地位的日益凸显及其在东盟外汇市场上凝聚力的逐渐形成，人民币在东盟地区国际化已具备了有利条件。但是随着我国西南沿边金融综合改革试验区改革的推进，我国与周边国家区域性金融市场的形成，货币风险跨境传染的渠道更加便利，单一货币汇率风险更可能迅速向其他国家传递，形成外汇市场的持续动荡。在开放经济条件下，这会对我国沿边金融安全造成更大冲击。现阶段是推进人民币国际化的关键时期，尤其需要在稳定的内外金融环境下推动边境资本市场对外开放和人民币跨境使用，逐步增强人民币在东盟和南亚国家的竞争力、影响力和辐射力。因此，云南在建设沿边金融改革试验区的过程中如何监管和处置金融风险，以防止货币风险传染扩散对中国—东盟区域性金融市场的稳定造成不良影响，这是我省宏观经济管理部门需要研究和解决的关键问题。结合人民币在东南亚、南亚地区推进国际化的现实背景以及现有相关研究不足，本书认为有必要运用更加适宜的实证技术描述人民币及周边新兴市场货币的汇率波动风险特征，进而模拟其货币风险溢出效应的表现形式和风险溢出机理。通过这些寻求这些问题的答案，应当有助于进一步补充和细化新兴市场跨货币风险溢出效应的理论成果，亦能够对个人和企业优化跨境金融投资决策，为宏观经济管理部门完善跨境金融风险调控机制提供有益的政策依据。

第四章

人民币与东盟货币的汇率波动风险特征分析

第一节 人民币与东盟货币汇率波动风险的描述性分析

一、指标选取及数据来源

（一）指标选取

全书的实证检验将以人民币汇率及东盟七国（包括新加坡、马来西亚、印度尼西亚、菲律宾、泰国、越南、老挝）的货币汇率为研究样本，选取各国货币兑美元即期汇率作为实证指标，其中：人民币兑美元汇率记为 CNY，新加坡元兑美元汇率记为 SGD，马来西亚林吉特兑美元汇率记为 MYR，印度尼西亚盾兑美元汇率记为 IDR，菲律宾比索兑美元汇率记为 PHP，泰国泰铢兑美元汇率记为 THB，越南盾兑美元汇率记为 VND，老挝基普兑美元汇率记为 LAK。

（二）样本区间及数据来源

为了更全面地观测人民币与东盟各国货币汇率之间的时变风险溢出

效应，本书拟以 2005 年人民币汇率制度改革为起点，尽可能地拉长样本时段，实证区间为 2005 年 7 月 21 日至 2017 年 4 月 12 日。所有实证数据均来自路透交易系统，8 种汇率都采用了每日收盘价数据。由于上述各国处于临近的时区，货币交易时间一致，因此所有汇率报价构成了平衡面板数据，样本观测值为 3060 个。

值得注意的是，与王中昭和杨文（2014）、唐洁尘和李容（2018）所采用的汇率中间价不同，本书选择的汇率数据为外汇市场交易的日收盘价，原因在于这类报价数据能够直接反映出人民币及东盟各国货币汇率实际的市场交易价格水平，而与股票价格类似，该类价格本身蕴含着丰富的市场信息，最能体现出汇率作为金融资产价格的特性。

二、人民币与东盟各国货币汇率的长期波动态势

（一）人民币汇率波动态势分析

如图 4-1 所示，2005 年 7 月以来，各国汇率走势呈现显著的差异化特征，而汇率制度调整和国际金融市场环境的变化可能是主要导因。相比东盟各国汇率，人民币汇率波动的阶段性分化最为明显，其走势主要分为四个阶段：

第一阶段从 2005 年 7 月至 2008 年 9 月，其间人民币保持了单边升值走势。2005 年 7 月 21 日，中国央行宣布实施人民币汇率制度改革，我国开始实施以市场供求为基础、参考一篮子货币进行调节、有管理的浮动汇率制度。人民币汇率不再盯住单一美元，汇率形成机制更具弹性，人民币兑美元汇率可在 3‰的带宽范围内上下波动。随后，央行又将人民币兑美元汇率日波幅放松至上下 5‰的范围，且中国对美国连续数年保持高额贸易顺差，成为人民币持续升值的主要推手。直至 2008

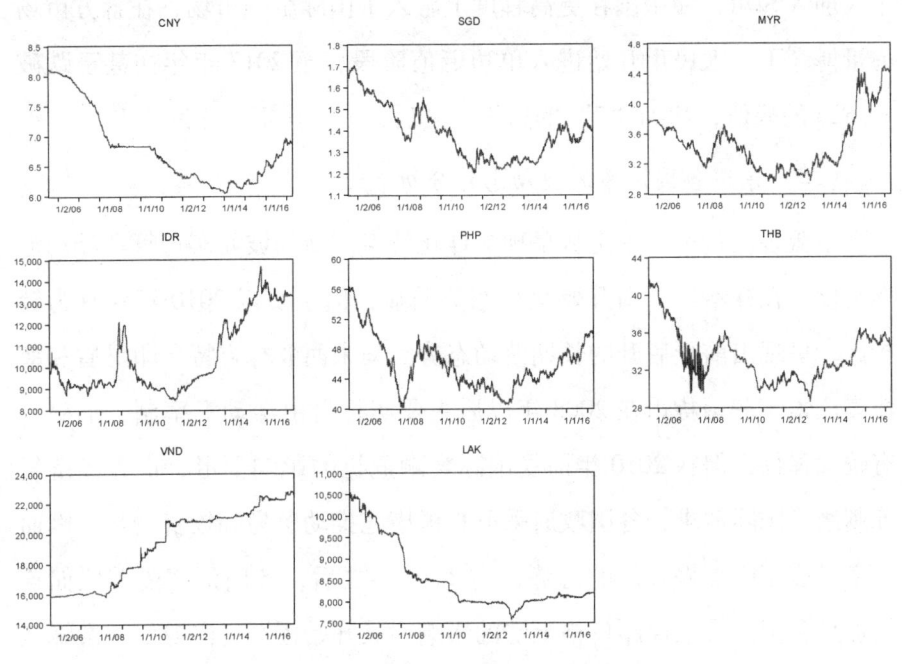

年9月美国次贷危机全面爆发时，人民币汇率已经升值19%。

图4-1 人民币与东盟各国汇率波动态势

第二阶段从2008年9月至2010年6月，人民币重回盯住美元时代，汇率水平维持在6.83附近，汇率波动相对较小，汇率水平处于较为稳定的区间。

第三阶段从2010年6月至2015年8月，其间人民币汇率重启升值之势。2010年6月，中国央行宣布进一步推进人民币汇率形成机制改革，对人民币汇率浮动进行动态管理和调节，保持人民币汇率在合理、均衡水平上的基本稳定，与此同时，正式启动人民币国际化战略。在一系列政策调整的影响下，人民币汇率逐渐升值。

第四阶段从2015年8月至2017年4月。以"811汇改"作为重要转折点，人民币汇率不再单一盯住美元，而参考一篮子货币计算汇率指数,这使得人民币汇率制度形成更有弹性。2016年10月1日,人民币正式加入SDR,使中国在更高程度上融入了国际金融市场,在各方市场力量博弈下,人民币开始进入单边贬值阶段,至2017年年初甚至跌破6.9526的峰值,达到"7"的边缘。之后,人民币汇率止跌略升。

(二)东盟各国汇率的波动态势分析

东盟各国货币汇率走势呈现多样化特点。新加坡元实行管理浮动汇率制度,在样本区间内升贬交替态势明显,但主要以2010年4月为转折点,呈现出前贬后升的长期波动态势。马来西亚林吉特、印尼盾和菲律宾比索等三国货币在2008年以后主要实行自由浮动汇率制,汇率具有较大弹性,但在2010年前受国际金融危机的影响消退,世界经济复苏刺激了国际需求,各国政府采取积极措施推动贸易和投资增长,因而汇率呈震荡中缓慢升值的态势,而2010年之后,各国汇率受美联储连续加息和国际大宗商品价格上涨的影响,又开始逐渐走向贬值。泰铢从2008年次贷危机之后就从自由浮动汇率制转变为不事先宣布汇率轨迹的有管理的浮动汇率制度,其汇率变动趋势与马来西亚林吉特、印尼盾和菲律宾比索大致相同,只是在2006年年底至2007年年初出现了剧烈波动。而从2005年7月以来的较长时段内来看,越南盾和老挝基普都呈现出单边波动态势,越南盾实行有管理的浮动汇率制度,同时其汇率又与国际市场利率联动,在此期间大幅贬值,老挝基普虽然实行的是不事先宣布汇率轨迹的有管理的浮动汇率制,但市场表现为大幅升值①。

---

① 本书对各国汇率制度的划分依据国际货币基金组织(International Monetary Fund, IMF)事实分类法,并参考历年IMF《汇兑安排与汇兑限制年报》(Annual Report on Exchange Arrangements and Exchange Restrictions)进行了归纳整理。

第二节 人民币与东盟各国货币汇率的波动风险特征

一、人民币与东盟各国汇率时序的描述性统计分析

从表4-1中可以看到，各国汇率波动差异性较大，越南盾、老挝基普和印尼盾波动标准差较高，分别达到了2405.1690、770.9124和1700.5330，表明上述三国汇率的波动性较强；其次是菲律宾比索和泰铢，波动标准差为3.4201和2.7608；而波动较小的是马来西亚林吉特、新加坡元和人民币，汇率标准差分别为0.3839、0.1241和0.6091，可以认为这三国汇率波动性相对较小。尤其值得注意的是，人民币汇率的标准差最小，汇率水平保持了很高的稳定性。此外还可以发现，汇率波动风险与国家经济综合实力成正比，经济金融越发达，汇率越稳定。从偏度（Skewness）和峰度（Kurtosis）值所体现的分布形态来看，所有汇率时序都不符合正态分布，除越南盾为左偏、尖峰厚尾形态之外，其余汇率时序都呈现右偏、尖峰厚尾形态。

表4-1 人民币与东盟各国汇率水平序列的描述性统计特征

统计指标	CNY	SGD	MYR	IDR	PHP	THB	VND	LAK
均值	6.7937	1.3856	3.4714	10462.4400	45.8708	33.4313	19333.7700	8527.7590
中位数	6.6707	1.3741	3.3945	9602.5000	45.1800	32.7900	20767.5000	8140.0000
最大值	8.1128	1.7051	4.4960	14695.0000	56.3000	41.7500	22840.0000	10550.0000
最小值	6.0402	1.2007	2.9370	8455.0000	40.1500	28.5900	15815.0000	7573.0000
标准误	0.6091	0.1241	0.3829	1700.5330	3.4201	2.7608	2405.1690	770.9124
偏度	0.8864	0.6088	0.9478	0.7955	0.8283	0.9253	-0.2851	1.2530

续表

统计指标	CNY	SGD	MYR	IDR	PHP	THB	VND	LAK
峰度	2.6107	2.5431	3.1538	2.1049	3.4902	3.5453	1.4963	3.1887
JB值	420.0534	215.6634	461.1209	424.8891	380.5535	474.5388	329.7232	805.1894
P值	0.0000	0.0000	0.0000	0.0000	0.0000	0.0000	0.0000	0.0000

二、人民币与东盟各国货币汇率收益率的波动风险特征分析

从人民币和东盟各国汇率的复杂变动态势中难以直接观察到其波动特征，也不便于检验它们之间的风险溢出效应，因此本书将采用各国汇率的对数收益率[①]序列作为实证指标，分别记为 lnCNY、lnSGD、lnMYR、lnIDR、lnPHP、lnTHB、lnVND 和 lnLAK。如图 4-2 所示，各国汇率收益率均表现出明显的波动聚集特征，这可通过表 4-2 中的统计结果得到验证。

从表 4-2 中可以看到，泰铢波动标准差较大，为 0.5405，紧接着是马来西亚林吉特、印尼盾、菲律宾比索、新加坡元和越南盾，波动标准差分别为 0.1894、0.2100、0.1692、0.1567 和 0.1126。波动标准差较小的是老挝基普和人民币，波动标准差分别为 0.0863 和 0.0531。同样可以发现，人民币汇率的稳定性最高。从偏度和峰度值所体现的波动形态来看，所有汇率收益率时序都不符合正态分布，其中人民币、新加坡元、印尼盾、菲律宾比索和越南盾都呈右偏、尖峰厚尾的波动态势，而马来西亚林吉特、泰铢和老挝基普呈左偏、尖峰厚尾状波动。

[①] 对数收益率的计算公式为 $ln\ e_t = ln\ P_t - ln\ P_{t-1}$。

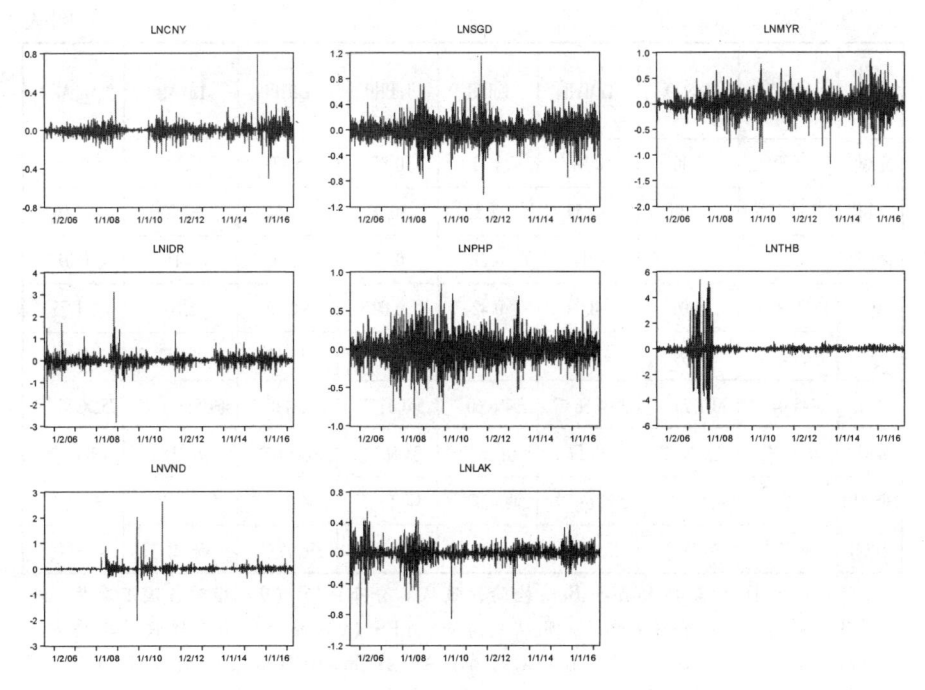

图 4-2 人民币与东盟各国汇率收益率波动态势

根据 Liung-Box 检验结果，除马来西亚林吉特以外，各国汇率收益率及其平方序列都存在显著的残差自相关。进一步地，ARCH 效应检验也发现所有样本对象国的汇率收益率序列都存在明显的 ARCH 效应，故采用自回归条件异方差模型来刻画汇率的波动风险特征是较为适宜的选择。

表 4-2 人民币与东盟各国汇率收益率的描述性统计特征

统计指标	LnCNY	LnSGD	LnMYR	LnIDR	LnPHP	LnTHB	LnVND	LnLAK
均值	0.00	0.00	0.00	0.00	0.00	0.00	0.01	0.00
中位数	0.00	0.00	0.00	0.00	0.00	0.00	0.00	0.00

续表

统计指标	LnCNY	LnSGD	LnMYR	LnIDR	LnPHP	LnTHB	LnVND	LnLAK
最大值	0.79	1.16	0.88	3.12	0.85	5.42	2.64	0.55
最小值	-0.51	-1.01	-1.59	-2.82	-0.90	-5.63	-2.03	-1.06
标准误	0.05	0.16	0.19	0.21	0.17	0.54	0.11	0.09
偏度	1.06	0.06	-0.39	0.42	0.00	-0.10	6.00	-1.75
峰度	27.67	6.99	7.63	38.36	5.10	55.55	194.52	27.04
JB值	78145.04***	2031.20***	2804.56***	159466.60***	563.11***	351921.10***	4693539.00***	75206.82***
LB(9)	46.17***	23.79***	10.57	50.26**	33.86***	705.84***	266.77***	190.61***
LBS(9)	166.36***	474.30***	557.63***	49.42***	340.81***	2187.80***	287.17***	149.46***
ARCH	139.54***	26.62***	18.27***	16.89***	30.86***	256.77***	1356.00***	45.37***

注：（1）JB检验指Jarque-Bera检验，服从χ_2^2分布；LB(9)指对各国汇率收益率序列9阶滞后的Liung-Box检验，服从χ_9^2分布；LBS(9)指对各国汇率收益率平方序列9阶滞后的Liung-Box检验，服从χ_9^2分布；ARCH指ARCH效应检验。（2）"***""**""*"分别表示在1%、5%和10%的置信水平上通过了显著性检验。

第三节 人民币与东盟各国汇率的结构断点检验

根据前文研究可以发现，人民币及东盟各国汇率符合金融时间序列所具有的波动集聚特征，传统的线性回归模型无法准确拟合出各国汇率序列的波动风险性，尤其是当本国面临内部经济改革或外部冲击时，汇率可能出现结构突变。而且，从前文对各国汇率长期走势的分析来看，各国面临不止一次内外部冲击，采用单一结构断点的检验方法并不适宜，故本节将采用BP多结构断点检验方法识别人民币及东盟各国汇率收益率序列的结构断点。BP多结构断点检验由白和佩伦（Bai and Perron)(1998,2003)提出,该方法不仅假定时间序列存在多重结构断点,而且还考虑了残差自相关性和异方差性、残差和变量的不同分布等情况,因而对时间序列的波动风险特征刻画更为准确。

一、BP 多结构断点检验的建模原理

构建一个包含 m 个结构断点的多元线性回归方程:

$$y_t = x'_t\beta + z'_t\delta_j + u_t \tag{4-1}$$

其中,$t = T_{j-1}+1$,$\cdots$,T_j,$j=1$,2,$\cdots$,$m+1$。y_t 为因变量,x_t($P\times 1$)为系数不会出现变化的自变量,z_t($q\times 1$)是系数会出现结构突变的自变量,β 和 δ_j 为系数,u_t 为残差项,T_1,$\cdots$,T_m 为未知的 m 个结构断点。若 $p=0$,则式(4-1)为所有系数都会出现结构突变的模型(Pure Structural Change Model)。此时,需要在确保式中 $m+1$ 个时间段的总残差平方和最小的目标下估计参数 β,δ_1,δ_2,$\cdots$,δ_{m+1},T_1,T_2,$\cdots$,T_m。

白和佩伦(1998,2003)以在不同结构断点下计算的各时间段残差平方和为基础,使用 sup Wald 检验构造了不同的统计检验量,以确定结构断点的个数和发生时间,并通过模拟试验得到临界值。

第一个检验是 $\sup F_T(k;q)$ 检验:

原假设:不存在结构断点;

备择假设:存在任一主观给定的结构断点(个数为 k)。

据此可构建的检验统计量为

$$F_T(\lambda_1,\cdots,\lambda_k;q) = \left(\frac{T-(k+1)q-p}{kq}\right) \cdot \frac{\hat{\delta}'R'(R(\bar{Z}'M_X\bar{Z})^{-1}R')^{-1}R\hat{\delta}}{SSR_K}$$

$$\tag{4-2}$$

其中，$T_i = [T\lambda_i]$ ($i = 1, \cdots, k$)，$M_x = I - X(X'X)^{-1}X'$，R 是满足 $(R\delta)' = (\delta'_1 - \delta'_2, \cdots, \delta'_k - \delta'_{k+1})$ 的传统矩阵，SSR_k 是备择假设下的残差平方和。

第二个检验是双重极大值（Double Maximum）检验：

原假设：不存在结构断点；

备择假设：在给定一个最高的结构断点个数的情况下，存在个数未知的结构断点 m。此时需要构造两个检验统计量：

$$UD_{max}F_T(M, q) = max_{1 \leq m \leq M} a_m sup_{(\lambda_1, \cdots, \lambda_m) \in \Lambda_\varepsilon} F_T(\lambda_1, \cdots, \lambda_m; q) \tag{4-3}$$

$$WD_{max}F_T(M, q) = max_{1 \leq m \leq M} \frac{c(q, \alpha, 1)}{c(q, \alpha, m)} \times sup_{(\lambda_1, \cdots, \lambda_m) \in \Lambda_\varepsilon} F_T(\lambda_1, \cdots, \lambda_m; q) \tag{4-4}$$

其中，a_m 为一固定的权重，α 为显著性水平。

第三个检验是 $sup\ F_T\ (l+1 \mid l)$ 检验：

原假设：存在 l 个结构断点；

备择假设：存在 $l+1$ 个结构断点。

该检验需要构造的检验统计量为

$$F_T(l+1 \mid l) = \left\{ S_T(\hat{T}_1, \cdots, \hat{T}_l) - min_{1 \leq i \leq l+1} inf_{\tau \in \Lambda_{i,\eta}} S_T(\hat{T}_1, \cdots, \hat{T}_{i=1}, \tau, \hat{T}_i, \cdots, \hat{T}_l) \right\} / \hat{\sigma}^2 \tag{4-5}$$

其中，$\Lambda_{i,\eta} = \{\tau; \hat{T}_{i-1} + (\hat{T}_i - \hat{T}_{i-1})\eta \leq \tau \leq \hat{T}_i - (\hat{T}_i, \cdots \hat{T}_{i-1})\eta\}$，$\hat{\sigma}^2$ 为原假设条件下方差的一致估计。

二、人民币与东盟各国汇率的多结构断点检验结果

本书运用 BP 多结构断点模型对人民币汇率及东盟各国货币汇率的

水平序列进行了检验,结果发现八种汇率时序都存在多重结构断点。如表4-3所示,人民币汇率在2008年次贷危机期间、2010年6月及2015年8月汇率改革前后、2016年10月加入SDR前后都出现了明显的结构断点。而新加坡等东盟国家的结构断点大多出现在2005年、2008年和2010年前后,与次贷危机和国际金融形势的突变紧密相关。

表4-3 人民币与东盟各国汇率的多断点检验结果

CNY	SGD	MYR	IDR	PHP	THB	VND	LAK
2008/7/16	2008/10/3	2015/07/31	2005/08/29	2007/08/16	2007/04/04	2008/12/24	2005/08/22
2008/11/28	2008/10/20	2015/08/21	2005/09/09	2007/09/12	2007/06/18	2009/03/23	2005/09/19
2008/12/8	2008/10/27	2015/08/28	2006/05/12	2008/05/05	2007/07/05	2009/11/25	2006/01/05
2015/8/10	2008/11/05	2015/09/07	2006/05/19	2008/07/17	2007/07/26	2009/12/02	2006/03/01
2015/8/28	2008/12/05	2015/09/18	2008/10/24	2008/08/07	2007/08/02	2009/12/09	2006/04/24
2016/1/1	2008/12/12	2015/10/06	2008/11/10	2008/10/14	2007/08/09	2009/12/16	2006/05/01
2016/2/12	2009/01/01	2015/10/15	2008/12/01	2008/12/05	2007/09/24	2010/02/10	2006/06/14
2016/2/19	2009/02/13	2015/11/18	2008/12/08	2009/02/18	2007/10/08	2010/03/24	2008/03/03
2016/6/23	2011/08/03	2015/12/07	2008/12/30	2009/09/15	2007/11/19	2010/07/07	2008/07/22
2016/10/7	2011/08/10	2016/01/01	2009/01/09	2009/10/02	2007/12/04	2010/08/10	2008/08/11
2016/11/9	2011/09/07	2016/01/21	2009/01/30	2009/10/21	2007/12/12	2011/02/10	2008/08/21
2016/12/14	2011/09/20	2016/03/16	2009/02/10	2009/11/06	2007/12/21	2011/04/26	2008/09/23
2017/1/4	2011/10/07	2016/03/29	2015/09/28	2010/03/01	2008/01/02	2015/08/18	2008/10/01
2017/1/11	2011/11/08	2016/05/02	2015/10/06	2010/05/19	2008/01/09	2015/10/07	2010/04/20
2017/2/28	2011/11/15	2016/09/08	2015/11/10	2010/06/15	2008/03/03	2015/10/26	2010/06/08

采用人民币及东盟各国汇率收益率的时间序列进行BP多结构断点检验,结果同样发现,人民币汇率收益率在2008年次贷金融危机期间、2010年6月汇率改革前后、2015年"811"汇改前后以及2007年年初人民币汇率止跌回升时都表现出了明显的结构突变性。而新加坡等国同

样在2008年次贷危机期间或者2010年美联储加息等国际金融冲击事件的影响下，呈现出多重结构突变性（参见表4-4）。

表4-4 人民币与东盟各国汇率对数收益率的多断点检验结果

lnCNY	lnSGD	lnMYR	lnIDR	lnPHP	lnTHB	lnVND	lnLAK
2007/10/15	2008/09/22	2010/05/14	2005/08/23	2007/07/12	2007/03/30	2008/06/05	2006/01/02
2008/07/16	2008/10/27	2010/05/25	2005/08/30	2007/07/19	2007/04/06	2008/06/12	2006/01/09
2010/08/30	2008/11/04	2011/09/07	2006/05/08	2007/08/21	2007/04/24	2008/12/22	2006/03/17
2010/10/28	2008/11/17	2011/09/26	2006/05/15	2007/09/12	2007/06/18	2008/12/29	2006/03/24
2010/11/09	2008/11/24	2013/09/13	2008/10/03	2008/02/27	2007/07/10	2009/11/25	2006/04/24
2014/03/13	2008/12/05	2013/09/20	2008/10/10	2008/07/11	2007/07/18	2009/12/02	2006/05/01
2014/03/20	2008/12/17	2015/07/31	2008/10/20	2008/07/23	2007/07/26	2009/12/09	2006/05/08
2015/03/12	2009/03/02	2015/08/24	2008/10/27	2008/10/28	2007/08/02	2009/12/16	2007/11/20
2015/03/19	2011/08/01	2015/09/01	2008/11/04	2008/11/05	2007/09/18	2010/02/22	2008/02/22
2015/08/04	2011/08/08	2015/09/08	2008/11/12	2008/11/18	2007/09/25	2010/03/01	2008/03/04
2015/08/11	2011/08/16	2015/09/18	2008/12/02	2008/12/15	2007/11/16	2010/03/19	2008/08/05
2015/10/12	2011/09/08	2015/09/28	2008/12/09	2008/12/22	2007/11/23	2010/03/26	2008/08/12
2016/01/01	2011/09/21	2015/10/05	2009/01/07	2009/02/10	2007/11/30	2010/08/16	2008/08/21
2016/01/08	2011/10/03	2015/10/12	2009/02/04	2009/02/19	2007/12/11	2010/08/24	2008/09/18
2016/02/09	2011/10/27	2015/11/18	2009/04/10	2009/10/15	2007/12/18	2011/02/04	2008/09/25
2016/02/16	2011/11/09	2015/11/25	2009/04/17	2009/10/23	2007/12/27	2011/02/11	2010/04/20
2016/11/04	2015/10/02	2016/01/21	2011/09/09	2010/05/18	2008/01/07	2011/04/21	2010/04/27
2016/11/23	2015/10/14	2016/01/29	2011/09/27	2010/05/25	2008/01/14	2011/04/28	2013/03/14
2017/01/11	2017/01/05	2016/03/16	2015/10/05	2010/11/04	2008/02/22	2015/08/11	2013/03/21
2017/01/18	2017/01/26	2016/03/23	2015/10/12	2010/11/12	2008/02/29	2015/08/24	2013/04/25

因此，多结构断点的存在充分表明，人民币和东盟各国汇率序列的数据生成具有非线性特征，应当采用能够反映结构突变的时间序列方法来描述其波动性。

第五章

人民币与东盟国家汇率的风险区制转移状态检验

第一节 实证方法与模型构建

在识别出各国汇率波动风险特征的基础上，本章将紧扣汇率时序所具有的波动集聚性和结构突变性，构建一系列非线性模型，以辨析中国与东盟各国汇率在不同波动区制下所体现出来的风险特征。本书认为，中国和东盟国家作为新兴市场经济体，其汇率波动主要受国内外冲击因素影响，从而具有典型的非线性特征，体现为各国汇率呈现多种波动状态，波动风险也应当具有区制转移特征，故将运用具有区制转移特征的非线性模型展开实证分析。首先，采用单变量 MSVAR 模型验证各国汇率是否符合依区制状态转移的 Markov 波动跳跃特征。其次，采用单变量 SWARCH 模型对人民币汇率及东盟各国汇率在不同区制转移状态下的波动风险特征进行详细检验。

一、单变量 MSVAR 模型的构建

Markov 区制转移回归模型较早由戈德菲尔德和匡特（Goldfeld and

Quandt)（1973）提出，后经汉密尔顿（1989）改进后得以推广，该模型认为金融时序因具有非线性特征而存在多重区制状态，并以概率分布形式对其加以描述，相较于传统的绝对化方式引入的多重状态更为科学和合理（王建军，2007）。本书采用克罗尔齐格（Krolzig）（1998）、克罗尔齐格和托洛（Krolzig and Toro）（2000）提出的 MSVAR 模型，基准设定形式为：

$$Y_{it} = \alpha_i(s_t) + \sum_{k=1}^{p} \beta_i(s_t) \cdot Y_{it-k} + \varepsilon_{it}, \quad \varepsilon_{it} \sim NID(0, \sigma^2_{i(S_t)}) \quad (5-1)$$

其中，Y_{it} 为内生变量，s_t 为状态参数，$\alpha_i(s_t)$、$\beta_i(s_t)$ 分别为随区制转移的截距项和系数，ε_{it} 为随区制转移的残差，具有依赖于区制状态转移的方差协方差矩阵。

需要说明的是，状态参数 s_t 是控制着区制状态生成过程的不可观测变量，服从具有 M 个状态的离散形式的 Markov 链：

$$Pr(s_t \mid \{s_{t-j}\}_{j=1}^{\infty}, \{y_{t-j}\}_{j=1}^{\infty}) = Pr(s_t \mid s_{t-1}; \rho), \quad s_t \in \{1, \cdots, M\}$$
$$(5-2)$$

其中 ρ 是区制状态生成过程的参数向量，其区制转移概率矩阵为：

$$P = \begin{bmatrix} p_{11} & p_{12} & \cdots & p_{1M} \\ p_{21} & p_{22} & \cdots & p_{2M} \\ \cdots & \cdots & \cdots & \cdots \\ p_{M1} & p_{M2} & \cdots & p_{MM} \end{bmatrix} \quad (5-3)$$

其中，$p_{ij} = Pr(s_{t+1} \mid s_t = i)$，$\sum_{j=1}^{M} p_{ij} = 1$，$\forall i, j \in \{1, \cdots, M\}$。

在上述 MSVAR 模型的基准形式中，截距项、参数系数、残差项以及方差协方差矩阵都可以随区制改变发生状态转移，因而可根据需要在模型的上述四个构成部分调整状态参数的引入方式，由此演化出多种模型变体。

二、单变量 SWARCH 模型的构建

结合第四章中关于 ARCH 效应和结构突变的检验结果，本书对人民币及东盟各国汇率波动性的刻画应当采用含有结构突变的自回归条件异方差模型，故借鉴汉密尔顿和苏斯梅尔（1994）的研究，构建了含有 N 个区制转移状态的单变量 SWARCH（p，q）模型，模型的具体形式如下：

$$ln\ e_t = \alpha + u_t \tag{5-4}$$

$$u_t = \sqrt{g_{s_t}} \cdot \tilde{u}_t \tag{5-5}$$

$$\tilde{u}_t = \sqrt{h_t} \cdot v_t \tag{5-6}$$

$$h_t^2 = a_0 \cdot g_{s_t} + \sum_{i=1}^{q} a_i \cdot \tilde{u}_{t-i}^2,\ i = 1,\ 2,\ \cdots,\ q \tag{5-7}$$

其中，$ln\ e_t$ 为人民币、新加坡元、马来西亚林吉特、印尼盾、菲律宾比索、泰铢、越南盾和老挝基普八国汇率的对数差分收益率，且 $ln\ e_t = ln\ P_t - ln\ P_{t-1}$，$u_t$ 为均值方程（5-4）的残差序列；在式（5-5）和式（5-6）中，u_t 可以定义为含有区制转移特征的残差序列，g_{s_t} 即为反映区制转移性的刻度参数，其状态参数由 s_t 表示，并令 $g_{s_1} = 1$，而 s_t 为服从马尔可夫链的两状态变量，且 $t = 1,\ 2,\ \cdots,\ v_t$ 为服从 t 分布的独立同分布变量；式（5-7）为波动率方程，描述了条件方差 h_t^2 与 $\tilde{u}_t$ 之间的线性关系。

第二节 人民币与东盟国家货币汇率的波动区制特征分析

一、样本设定及数据处理

本书选取了人民币汇率作为实证主要样本之一，东盟国家样本为新加坡、马来西亚、印度尼西亚、菲律宾、泰国、越南、老挝七种货币汇率[①]，检验区间从2005年7月21日至2014年1月22日[②]，所有数据均取自路透交易终端。考虑到实证检验的可操作性，本书对人民币及东盟七国货币的汇率都采用本币兑美元的即期汇率，并计算成对数收益率序列，分别用 lnCNY、lnSGD、lnMYR、lnIDR、lnPHP、lnTHB、lnVND、lnLAK 表示。

在构建单变量 MSVAR 模型之前，需要对样本数据进行平稳性及协整检验。如表5-1所示，经过单位根（Augmented Dickey-Fuller test, ADF）检验，所有汇率对数收益率均为 I（0）序列，通过了平稳性检验。

[①] 柬埔寨、缅甸、文莱的汇率数据缺失。
[②] 做此样本区间设定的原因在于：首先，2005年国内汇率改革之前人民币汇率制度为事实上的固定汇率制，难以由此研究跨货币的溢出效应，而此次汇改之后人民币汇率波动弹性增加，定价也更能反映市场意愿；其次，随着人民币国际化进程加快，我国与东盟国家外汇市场一体化程度提高，有实证表明，在去除美元影响后，人民币与东盟国家货币的汇率联动性随时间推移逐渐上升（张施杭胤，2013）。

表 5-1 样本数据序列的 ADF 检验结果

变量	ADF 统计量	检验形式 (c, t, q)	临界值 (-5%)	临界值 (-1%)	结论
lnCNY	-41.3910	(c, t, 1)	-3.4113	-3.9610	平稳
lnSGD	-56.7799	(c, t, 0)	-3.4113	-3.9610	平稳
lnMYR	-54.5214	(c, t, 0)	-3.4113	-3.9610	平稳
lnIDR	-53.1054	(0, 0, 0)	-1.9409	-2.5657	平稳
lnPHP	-58.7209	(c, t, 0)	-3.4113	-3.9610	平稳
lnTHB	-18.2605	(c, t, 13)	-3.4113	-3.9611	平稳
lnVND	-32.0660	(c, 0, 3)	-2.8623	-3.4323	平稳
lnLAK	-49.3918	(c, t, 1)	-3.4113	-3.9610	平稳

注：检验形式中的 c、t、q 分别表示常数项、趋势项和滞后阶数，ADF 检验的滞后阶数由施瓦茨信息准则（SIC）自动选取。

二、单变量 MSVAR 模型的设定形式检验

本书将各国汇率波动划分为"低波动"和"高波动"两种状态，分别用"1"和"2"表示，故模型中的区制状态个数为 2①，模型系统中内生向量的最优滞后阶数为 1 阶。在对单变量 MSVAR 设定形式的检验中，尝试在截距项、参数系数、残差项以及方差协方差矩阵中部分或全部引入区制状态参数，构建了 MSMH（2）-AR（1）、MSIH（2）-AR（1）、MSIAH（2）-AR（1）、MSH（2）-AR（1）、MSAH（2）-

---

① 本书认为，2 个区制状态已能较好地解释各国外汇市场的波动周期，而 3 个以上的区制状态不仅无助于提高 MSAH-VAR 模型的拟合度，还会增加检验结果分析的复杂性。

AR（1）① 等模型，测算了各模型的极大似然对数值 LL 以及 AIC、HQ、SC 等指标，并同步展示了各模型的 LR 线性模型检验值。从表 5-2 中可以看到，LR 线性检验结果非常显著，这表明各国汇率确实具有波动跳跃性，因而汇率数据的生成更适宜采用非线性模型来刻画，而且本书所设定的具有区制转移特性的各种 MSVAR 模型确实优于一般的线性 MSVAR 模型②。通过反复比较和权衡 LL 以及 AIC、HQ、SC 等参考指标，同时考虑到克罗尔齐格（1998）的建议，尽量采用模型中某几部分引入 Markov 区制转移的模型效果更好，本书最终选定 MSAH（2）- AR（1）为最适宜模型，在此模型形式中，状态参数在参数系数和方差协方差矩阵中引入。

根据上述模型设定形式的检验结果，本书对单变量 MSIH（2）- VAR（1）模型的统一设定形式表示如下：

$$ln\ Y_{it} = \alpha_i(s_t) + \beta_i \cdot ln\ Y_{it-1} + \varepsilon_{it},\ \varepsilon_{it} \sim NID(0,\ \sigma^2_{i(S_t)}) \quad (5-8)$$

式中 lnY_{it} 是人民币及东盟七国货币汇率的对数收益率序列 lnCNY、lnSGD、lnMYR、lnIDR、lnPHP、lnTHB、lnVND、lnLAK 的统一表达指标。

---

① MSVAR 模型具有多种变体。就本书所研究的多国汇率序列而言，可以构建的模型形式包括 MSMH（2）- AR（1）、MSIH（2）- AR（1）、MSIAH（2）- AR（1）、MSH（2）- AR（1）、MSAH（2）- AR（1）五种。其中，模型英文缩写中的"MS"表示马尔可夫区制特征，"M"表示均值项，"I"表示截距项，"A"表示参数系数，"H"表示方差协方差矩阵。

② 因篇幅所限，本书略去了与各种 MSVAR 模型变体对应的线性 VAR 模型设定检验统计指标。如有需要，可向作者索要。

第五章 人民币与东盟国家汇率的风险区制转移状态检验

表 5-2 单变量 MS-AR 模型设定形式检验结果

变量	模型形式	LL	AIC	HQ	SC	LR 线性检验值
lnCNY	MSIH（2）-AR（1）	5451.314	-3.5607	-3.5557	-3.5469	1627.33
	MSIAH（2）-AR（1）	5456.4125	-3.5634	-3.5577	-3.5476	1637.527
	MSH（2）-AR（1）	5450.0499	-3.5605	-3.5563	-3.5487	1624.8019
	MSAH（2）-AR（1）	5455.3499	-3.5633	-3.5584	-3.5495	1635.4019
lnSGD	MSMH（2）-AR（1）	1639.4807	-1.0677	-1.0627	-1.0539	619.0842
	MSIH（2）-AR（1）	1639.4815	-1.0677	-1.0627	-1.0539	619.0859
	MSIAH（2）-AR（1）	1640.4604	-1.0677	-1.062	-1.0519	621.0437
	MSH（2）-AR（1）	1638.2887	-1.0676	-1.0633	-1.0557	616.7003
	MSAH（2）-AR（1）	1639.2595	-1.0675	-1.0626	-1.0537	618.6419
lnMYR	MSIH（2）-AR（1）	1189.5101	-0.7734	-0.7684	-0.7596	878.3996
	MSIAH（2）-AR（1）	1192.0394	-0.7744	-0.7687	-0.7586	883.4582
	MSH（2）-AR（1）	1187.7122	-0.7729	-0.7686	-0.761	874.8039
	MSAH（2）-AR（1）	1190.459	-0.774	-0.7691	-0.7602	880.2973
lnIDR	MSIH（2）-AR（1）	1344.526	-0.8748	-0.8698	-0.861	1816.9569
	MSIAH（2）-AR（1）	1348.8544	-0.8769	-0.8713	-0.8612	1825.6136
	MSH（2）-AR（1）	1344.4713	-0.8754	-0.8711	-0.8636	1816.8474
	MSAH（2）-AR（1）	1348.7885	-0.8776	-0.8726	-0.8638	1825.4819
lnPHP	MSIH（2）-AR（1）	1345.3696	-0.8753	-0.8704	-0.8615	-0.8615
	MSIAH（2）-AR（1）	1346.0337	-0.8751	-0.8694	-0.8593	494.4079
	MSH（2）-AR（1）	1344.8204	-0.8756	-0.8714	-0.8638	491.9812
	MSAH（2）-AR（1）	1345.4935	-0.8754	-0.8704	-0.8616	493.3274
lnTHB	MSIH（2）-AR（1）	1307.2834	-0.8504	-0.8455	-0.8366	6995.6106
	MSIAH（2）-AR（1）	1332.4603	-0.8662	-0.8606	-0.8505	7045.9644
	MSH（2）-AR（1）	1307.2801	-0.8511	-0.8468	-0.8392	6995.6041
	MSAH（2）-AR（1）	1332.4592	-0.8669	-0.8619	-0.8531	7045.9622

续表

变量	模型形式	LL	AIC	HQ	SC	LR 线性检验值
lnVND	MSIH（2）-AR（1）	4923.5819	-3.2156	-3.2106	-3.2018	5052.1956
	MSIAH（2）-AR（1）	4923.748	-3.215	-3.2093	-3.1992	5052.5277
	MSH（2）-AR（1）	4920.4641	-3.2142	-3.2099	-3.2023	5045.9598
	MSAH（2）-AR（1）	4920.556	-3.2136	-3.2086	-3.1998	5046.1437
lnLAK	MSIH（2）-AR（1）	4611.6242	-3.0115	-3.0066	-2.9977	2756.9643
	MSIAH（2）-AR（1）	4653.2488	-3.0381	-3.0324	-3.0223	2840.2134
	MSH（2）-AR（1）	4610.4304	-3.0114	-3.0072	-2.9996	2754.5766
	MSAH（2）-AR（1）	4651.66	-3.0377	-3.0328	-3.0239	2837.0359

三、实证结果与分析

本书针对人民币及东盟各国货币的汇率收益率序列构建了单变量 MSAH（2）-AR（1）模型，采用 OX 软件进行了模型拟合与系数估计。

（一）人民币与东盟国家货币汇率的区制依赖性

如表 5-3 所示的估计结果显示，各国模型的系数参数 α、β_1、β_2 总体显著，参数系数和残差方差表现出了显著的区制依赖特性，这印证了各国汇率存在跳跃波动性，从而数据生成具有非线性特征。各国汇率均能够明确划分为高、低两种波动区制状态，且高波动区制状态下的汇率风险是低波动区制下的 200 倍以上。通过进一步比较还可以发现，从两区制汇率波动风险倍差值的排序来看，新加坡、马来西亚、印尼和菲律宾等地处南亚的国家外汇市场汇率风险倍差平均约为 300 倍，而泰国、越南、老挝等大湄公河次区域国家外汇市场汇率风险倍差平均在 900 倍以上，而我国外汇市场恰好居中，这意味着东盟地区新兴经济体汇率水平不够稳定，波动风险总体偏高，汇市行情出现大幅震荡的可能性较高，而且该区域内各国外汇市场的汇率波动风险也呈集团分化状态，这种汇率稳定性似乎与各国经济金融发达水平呈正相关性。

从持续期来看，各国汇率处于两种区制状态的持续时间也各不相同：人民币和新加坡元汇率在两种区制波动状态下的持续时间相当，马来西亚林吉特、印尼盾、菲律宾比索、越南盾的汇率在低波动区制状态下持续时间更长，泰铢和老挝基普的汇率则更多地处于高波动区制状态下。值得注意的是，人民币汇率处于高波动区制下的持续期较低波动区制下略长，这可能与我国2005年以来数次进行汇率制度改革放松汇率波动弹性、造成汇市交易活跃有关。

表5-3 单变量MSAH（2）-AR（1）模型估计结果

变量	待估参数					区制1持续期	区制2持续期
	α	β_1	β_2	σ_1	σ_2		
lnCNY	-0.0011 (-2.4294)	-0.0807** (-3.3538)	0.0354 (1.3948)	0.0140	0.0704	8.0500	9.8600
lnSGD	-0.0049*** (-2.1249)	-0.0405 (-1.3808)	0.0154 (0.6027)	0.2161	0.0989	31.3700	47.3600
lnMYR	-0.0025 (-1.2219)	0.0112 (0.5195)	0.1240** (3.0636)	0.2199	0.0590	42.1100	16.5700
lnIDR	0.0056** (2.7612)	-0.0533** (-2.8193)	0.0705*** (2.0077)	0.0798	0.3429	10.3200	5.2500
lnPHP	-0.0034 (-1.3406)	-0.0266 (-1.0717)	-0.0733** (-2.4423)	0.1168	0.2307	80.8300	48.8900
lnTHB	-0.0017 (-0.7293)	-0.5325*** (-7.0219)	0.0110 (1.1242)	1.8230	0.1239	7.1100	103.1400

续表

变量	待估参数					区制1持续期	区制2持续期
	α	β_1	β_2	σ_1	σ_2		
lnVND	0.0011** (2.2596)	-0.1749*** (-8.2066)	-0.1932*** (-5.3758)	0.0224	0.2156	15.9800	5.4900
lnLAK	-0.0012** (-2.8290)	-0.3876*** (-9.7849)	-0.0200** (-3.0339)	0.1295	0.0156	2.3600	3.5600

注：括号内为t值。*、**、***分别表示在10%、5%、1%的置信水平下该估计值显著。

（二）人民币与东盟国家货币汇率的区制状态转移特征

如表5-4所示，除老挝之外，我国与东盟各国货币的汇率在相邻的前后两期内维持同一波动区制状态的概率较高。就人民币汇率而言，从上一期的低波动区制状态（区制1）维持到下一期低波动区制状态的概率高达87.57%，同样地，从上一期的高波动区制状态（区制2）维持到下一期低波动区制状态的概率也高达89.86%。老挝基普较为特殊，从上一期的低波动区制状态转向下一期高波动区制状态的概率高达42.34%，这可能再次验证了老挝基普的高波动性。

表5-4 单变量MSAH（2）-AR（1）模型转移概率矩阵

		区制1	区制2
lnCNY	区制1	0.8757	0.1243
	区制2	0.1014	0.8986
LnSGD	区制1	0.9681	0.0319
	区制2	0.0211	0.9789
lnMYR	区制1	0.9763	0.0237
	区制2	0.0604	0.9396

续表

		区制 1	区制 2
lnIDR	区制 1	0.9031	0.0969
	区制 2	0.1904	0.8096
lnPHP	区制 1	0.9876	0.0124
	区制 2	0.0205	0.9795
lnTHB	区制 1	0.8593	0.1407
	区制 2	0.0097	0.9903
lnVND	区制 1	0.9374	0.0626
	区制 2	0.1822	0.8178
lnLAK	区制 1	0.5766	0.4234
	区制 2	0.2806	0.7194

（三）人民币与东盟国家货币汇率的区制状态转换频率

通过图 5-1 所示的不同区制状态下平滑概率和滤子概率曲线，可以看出各国汇率的稳定性仍分化为两大阵营：新加坡元、马来西亚林吉特、菲律宾比索、泰铢的汇市在高低两种区制状态的转换频率较低，而包括我国在内的其余东盟国家货币汇率，尤其是大湄公河次区域的越南盾、老挝基普等汇率高低波动状态之间的转换频率较高。这表明，中国—东盟区域内各国外汇市场功能发育不平衡，且汇率的稳定性似乎与本国金融发达程度有关。此外，还应看到与东盟七国相比，我国外汇市场的稳定性并不高于新加坡及与其临近的几个南亚国家，尤其是汇率波动风险还相对偏高，这对人民币在东盟地区的深度国际化形成了挑战。

人民币	新加坡元	马来西亚林吉特	印尼盾
菲律宾比索	泰铢	越南盾	老挝基普

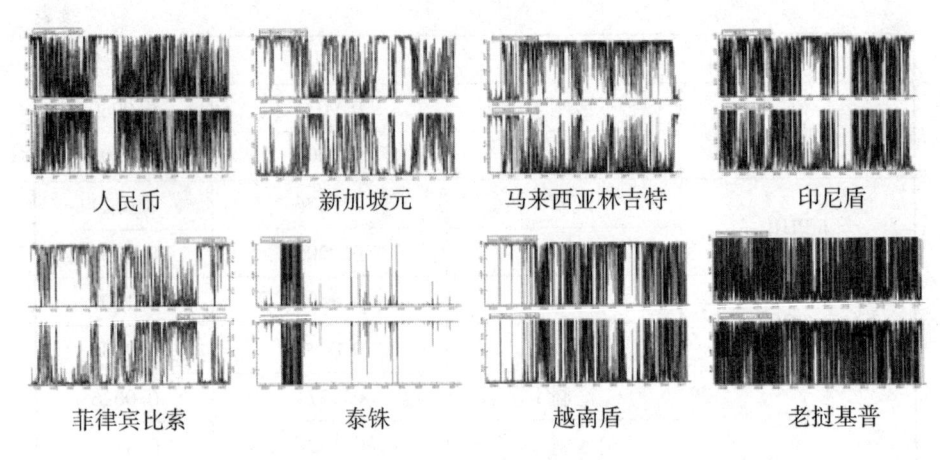

图 5-1 单变量 MSAH（2）-AR（1）模型的区制平滑概率曲线

第三节 人民币与东盟国家货币汇率波动风险的区制特征分析

本节将继续采用单变量 SWARCH 模型分析人民币与东盟各国货币汇率波动风险所具有的区制转移特征。为保证模型估计的有效性，作者通过反复尝试后，将各国汇率的最优滞后阶数设定为 2，汇率波动区制同样划分为低、高两种，因此式（5-5）和（5-7）中的 s_t 可表示为 s_1 和 s_2，即低波动区制和高波动区制，并尝试令式（5-4）的估计残差 u_t 分别服从 t 分布和正态分布，由此构建了 SWARCH（2，2）-t 和 SWARCH（2，2）-N 模型，采用 RATS 软件进行了模型拟合。

一、基于 SWARCH（2，2）-t 模型的汇率波动风险区制特征检验结果

人民币与东盟各国的汇率收益率时序的单变量 SWARCH（2，2）-

t 模型结果如表 5-5 所示。

表 5-5 人民币与东盟各国汇率的 SWARCH (2, 2) -t 模型结果

变量	α	a_0	a_1	a_2	g_{s_2}	自由度	似然值
lnCNY	−0.0012* (−1.7970)	0.0004*** (2.7656)	0.4607*** (5.1094)	0.2205*** (3.7765)	34.3691*** (3.4272)	3.0289*** (15.3103)	3244.97
lnSGD	−0.0129** (−2.4527)	0.0499*** (12.3776)	0.0456** (2.0191)	0.0536** (2.4498)	3.5938*** (15.1954)	6.8193*** (8.3726)	−866.27
lnMYR	−0.0038 (−1.0362)	0.0104*** (6.2559)	0.1635*** (4.2497)	0.2088*** (5.6145)	16.6357*** (6.8675)	4.0829*** (11.0883)	−1196.44
lnIDR	0.0087** (2.3600)	0.0305*** (6.4385)	0.3705*** (4.9967)	0.1472*** (5.0610)	9.1178*** (9.6643)	2.8842*** (14.6918)	−927.29
lnPHP	−0.0063 (−0.9809)	0.0736*** (17.2468)	0.0406* (1.8662)	0.0236 (0.9994)	3.4867*** (13.9581)	9.8067*** (5.2261)	−1193.51
lnTHB	−0.0026 (−0.5270)	0.0654*** (12.5581)	0.3422*** (6.1261)	0.1642*** (4.1271)	119.4394*** (3.9454)	3.6328*** (13.3428)	−1071.57
LnVND	0.0011 (1.6418)	0.0087 (1.2359)	2.8138 (1.1594)	0.5691 (1.2042)	19.8230*** (8.0477)	2.1270*** (18.3750)	2896.8801

注：(1) 老挝基普的收益率时序没有通过 SWARCH (2, 2) -t 分布模型检验。(2) "*" "**" "***" 分别表示在 10%、5% 和 1% 的置信水平上显著，括号内数值为 t 检验值。

(一) 模型总体拟合效果

根据前文构建的单变量 SWARCH (p, q) 模型，人民币与东盟各国汇率的 SWARCH (2, 2) -t 模型形式如下：

$$ln\, Currency_t = \alpha + u_t \qquad (5-9)$$

$$u_t = \sqrt{g_{s_t}} \cdot \widetilde{u}_t \qquad (5-10)$$

$$\widetilde{u}_t = \sqrt{h_t} \cdot v_t \qquad (5-11)$$

$$h_t^2 = a_0 \cdot g_{s_t} + a_1 \cdot \widetilde{u}_{t-1}^2 + a_2 \cdot \widetilde{u}_{t-2}^2, \ i=1,\ 2,\ t=1,\ 2 \qquad (5-12)$$

其中，$ln\ Currency_t = ln\ CNY_t$、$ln\ SGD_t$、$ln\ MYR_t$、$ln\ IDR_t$、$ln\ PHP_t$、$ln\ THB_t$、$ln\ VND_t$、$ln\ LAK_t$，$S_t = S_1,\ S_2$，残差项$u_t$服从 t 分布。

根据估计结果，均值方程（5-9）和波动率方程（5-12）中的估计参数 α、a_0、a_1、a_2 总体显著，这表明除老挝基普外，人民币及东盟其他国家汇率收益率时序的 SWARCH（2, 2）-t 模型设定较为合理。

(二) 人民币与东盟国家货币汇率波动的区制依赖性

各国汇率波动率方程中的刻度参数 g_{s_2} 均在1%的置信水平上显著，再次证明了人民币及东盟各国货币的汇率都具有显著的区制依赖特征。但是，从 g_{s_2} 的估计值来看，各国汇率波动的低区制和高区制差异存在着明显分化。其中，泰铢的高低区制状态差异倍数达到119.44，其汇率波动的区制差异程度最高；人民币汇率、越南盾、马来西亚林吉特的高低区制状态差异倍数处于15—35之间，表明上述四国汇率波动的区制差异程度较为明显；而印尼盾、新加坡元和菲律宾比索的高低区制状态差异倍数处于3—10之间，两种区制的差异程度最低。相较东盟国家的货币汇率而言，人民币汇率的区制波动状态差异程度处于中间水平，这与前文通过单变量 MSAH（2）-AR（1）模型得出的实证结论相一致。

(三) 人民币与东盟国家货币汇率波动的区制状态转移特征

如表5-6中的区制转移概率矩阵所示，各国汇率收益率的单一波动状态持续性较强，从本期的区制1向下一期的区制1，以及从本期的区制2向下一期的区制2转移的概率大多高于0.9，这说明人民币和东盟各国货币汇率在前后两期之间维持同一波动区制状态的可能性较高。

表 5-6 人民币与东盟各国汇率区制转移概率矩阵（t 分布模型）

		区制 1	区制 2
lnCNY	区制 1	0.9521	0.0153
	区制 2	0.0479	0.9847
lnSGD	区制 1	0.9937	0.0067
	区制 2	0.0063	0.9933
lnMYR	区制 1	0.9875	0.0033
	区制 2	0.0125	0.9967
lnIDR	区制 1	0.9807	0.0141
	区制 2	0.0193	0.9859
lnPHP	区制 1	0.9945	0.0095
	区制 2	0.0055	0.9905
lnTHB	区制 1	0.9975	0.0344
	区制 2	0.0025	0.9656
lnLAK	区制 1	0.9830	0.0278
	区制 2	0.0170	0.9722

（四）人民币与东盟国家货币汇率波动风险的区制特征

如图 5-2 所示，从低波动区制（State1）和高波动区制（State2）的平滑概率曲线来看，人民币和东盟各国货币汇率的波动区制界限总体上较为明显。但是，各国汇率波动风险所表现出来的区制特征也具有明显的国别差异。越南盾汇率的高低区制状态转移频率较高，人民币、印尼盾及菲律宾比索等货币汇率的高低区制状态转移也较为频繁，而新加坡元和马来西亚林吉特的汇率则能在相对较长的一段时期内维持单一的高波动或低波动区制状态，区制状态转移频率较低。此外，在 2008 年次贷危机引发的全球金融危机期间，各国汇率都转向了高波动区制状态，体现出较高的汇率波动风险，这表明在国际金融冲击对中国和东盟国家等东南亚新兴经济体具有普遍的负面影响，会导致各国汇率波动风险明显提高，且汇率波动风险的区制状态具有较高的同步性。对人民币汇率而言，与国际冲击影响导致汇率波动风险加剧截然不同，历次国内的重大汇率制度改革都会导致汇率波动风险下降，如在 2005 年 7 月、2010 年 6 月、2015 年 8 月的汇率改革期间，人民币汇率都会从高波动区制状态迅速转向低波动区制状态，这可能表明，通过人民币汇率制度改革逐步完善汇率形成机制，有助于降低人民币汇率波动风险，增强本币汇率的稳定性。

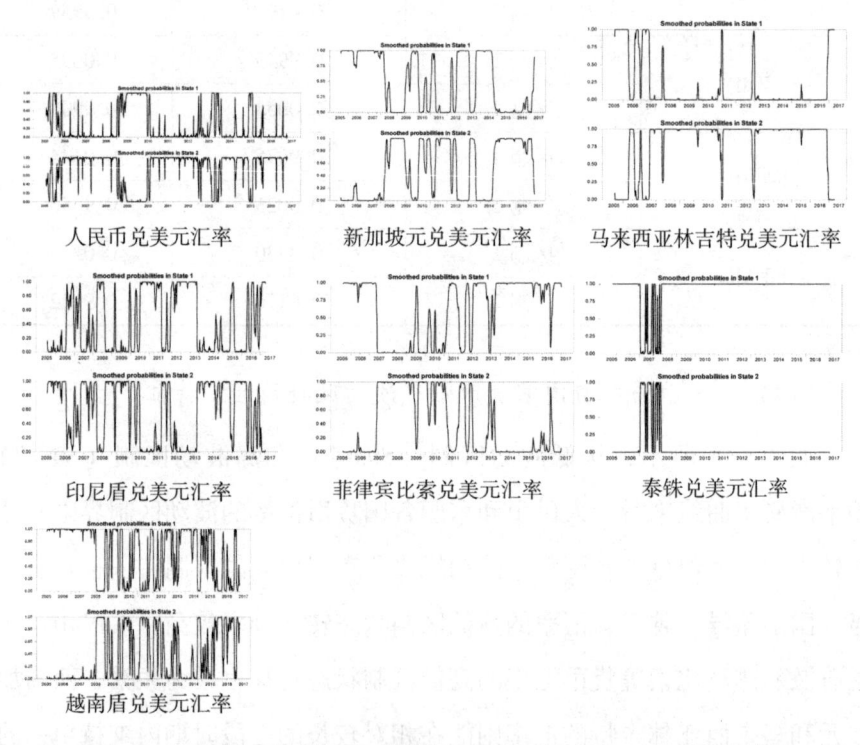

人民币兑美元汇率　　新加坡元兑美元汇率　　马来西亚林吉特兑美元汇率

印尼盾兑美元汇率　　菲律宾比索兑美元汇率　　泰铢兑美元汇率

越南盾兑美元汇率

图 5-2　人民币与东盟各国汇率的 SWARCH（2，2）-t 区制转移状态

二、基于SWARCH（2，2）-N模型的汇率波动风险区制特征检验结果

各国汇率收益率时序的单变量SWARCH（2，2）-N模型结果如表5-7所示。

（一）模型总体拟合效果

人民币与东盟各国汇率的SWARCH（2，2）-t模型形式同SWARCH（2，2）-N模型，如下所示：

$$ln\ Currency_t = \alpha + u_t \tag{5-13}$$

$$u_t = \sqrt{g_{s_t}} \cdot \tilde{u}_t \tag{5-14}$$

$$\tilde{u}_t = \sqrt{h_t} \cdot v_t \tag{5-15}$$

$$h_t^2 = a_0 \cdot g_{s_t} + a_1 \cdot \tilde{u}_{t-1}^2 + a_2 \cdot \tilde{u}_{t-2}^2,\ i=1,2,\ t=1,2 \tag{5-16}$$

但是，此处的残差项u_t服从N分布。

根据估计结果，均值方程（5-3）和波动率方程（5-16）中的估计参数α、a_0、a_1、a_2总体显著，同样表明除老挝基普外，人民币及东盟其他国家汇率收益率时序的SWARCH（2，2）-N模型设定较为合理。

（二）人民币与东盟国家货币汇率波动的区制依赖性

刻度参数g_{s_2}均在1%的置信水平上显著，也表明人民币及东盟各国汇率收益率时序都具有显著的区制依赖特征。从g_{s_2}的估计值来看，各国汇率波动的低区制和高区制差异也存在国别差异。其中，泰铢和越南盾高低区制状态差异倍数达到438.43和409.04，表明其汇率波动的区制差异程度最高，人民币汇率次之，其区制状态的差异倍数为257.85；印尼盾和马来西亚林吉特的高低区制状态差异倍数处于10—100之间，

表明上述两国汇率波动的区制差异程度较为明显；而新加坡元和菲律宾比索的高低区制状态差异倍数处于 3—5 之间，两种区制的差异程度最低，该结论与前文通过 SWARCH（2，2）-t 模型得出的实证结论仍保持一致。

表 5-7　人民币与东盟各国汇率的 SWARCH（2，2）-N 模型结果

变量	α	a_0	a_1	a_2	g_{s_2}	似然值
lnCNY	-0.0013 ** (-2.2624)	0.0001 *** (2.9802)	0.3954 *** (10.5078)	0.3100 *** (8.4100)	257.8512 *** (3.2073)	3014.1122
lnSGD	-0.0124 ** (-2.3633)	0.0493 *** (18.0494)	0.0109 (0.6830)	0.0406 ** (2.4306)	4.5767 *** (15.7820)	-908.2266
lnMYR	-0.0093 ** (-2.0750)	0.0151 *** (10.8591)	0.0843 *** (3.9265)	0.1762 *** (6.6637)	12.3082 *** (10.1732)	-1308.4543
lnIDR	0.0100 ** (2.4309)	0.0119 *** (6.3100)	0.2854 *** (7.6152)	0.1875 *** (8.0478)	42.0450 *** (8.0215)	-1135.0691
lnPHP	-0.0077 (-1.2994)	0.0719 *** (20.3473)	0.0155 (0.8567)	-0.0119 (-0.7481)	3.9223 *** (17.0355)	-1207.8151
lnTHB	-0.0056 (-1.0728)	0.0557 *** (23.8476)	0.2167 *** (7.6574)	0.1460 *** (5.6710)	438.4283 *** (6.0813)	-1179.8796
LnVND	0.0013 (1.3896)	0.0014 *** (17.3314)	0.4436 *** (13.8645)	0.2941 *** (10.0262)	409.0352 *** (7.6951)	2594.6323

注：（1）老挝基普的收益率时序没有通过 SWARCH（2，2）-t 分布模型检验。（2）"*" "**" "***" 分别表示在 10%、5% 和 1% 的置信水平上显著，括号内的数值为 t 检验值。

（三）人民币与东盟国家货币汇率波动的区制状态转移特征

如表 5-8 中的区制转移概率矩阵所示，除人民币汇率、印尼盾和越南盾以外，各国汇率收益率的单一波动状态持续性较强，从本期的区制 1 向下一期的区制 1 以及从本期的区制 2 向下一期的区制 2 转移的概

率总体上高于0.9。人民币汇率、印尼盾和越南盾三国汇率的单一波动状态持续性稍弱,尽管从本期的区制1向下一期的区制1转移的概率依然较高,但是从区制1向区制2转移的概率也较高。

表5-8 人民币与东盟各国汇率区制转移概率矩阵(N分布模型)

		区制1	区制2
人民币	区制1	0.6905	0.7633
	区制2	0.3095	0.2367
新加坡元	区制1	0.9818	0.0261
	区制2	0.0182	0.9739
马来西亚林吉特	区制1	0.9685	0.0112
	区制2	0.0315	0.9888
印尼盾	区制1	0.7574	0.7477
	区制2	0.2427	0.2523
菲律宾比索	区制1	0.9877	0.0207
	区制2	0.0123	0.9793
泰铢	区制1	0.9894	0.2265
	区制2	0.0106	0.7735
越南盾	区制1	0.9290	1.0000
	区制2	0.0710	0.0000
老挝基普	区制1	0.7346	0.3938
	区制2	0.2655	0.6062

(四)人民币与东盟国家货币汇率波动风险的区制特征

如图5-3所示,从低波动区制(State1)和高波动区制(State2)的平滑概率曲线来看,人民币和东盟各国货币汇率的波动区制界限总体上较为明显。但是,各国汇率波动风险所表现出来的区制特征也具有明显的国别差异。越南盾汇率的高低区制状态转移频率较高,人民币、印尼盾等货币汇率的高低区制状态转移也较为频繁，而新加坡元和马来西亚林吉特、菲律宾比索的汇率则能在相对较长的一段时期内维持单一的高波动或低波动区制状态，区制状态转移频率较低。国际金融冲击对各国汇率波动风险的影响也同样体现在2008年次贷危机期间，这与前文得出的结论一致。

人民币兑美元汇率　　　新加坡元兑美元汇率　　　马来西亚林吉特兑美元汇率

印尼盾兑美元汇率　　　菲律宾比索兑美元汇率　　　泰铢兑美元汇率

越南盾兑美元汇率

图5-3　人民币与东盟各国汇率的SWARCH（2，2）-N区制转移状态

三、本章实证小结

本章对人民币与东盟国家货币汇率风险的 Markov 区制转移特征进行了分析,通过运用单变量 SWARCH 模型进行实证检验,得出了以下主要结论:

第一,人民币和东盟各国货币汇率都具有显著的区制依赖特征,各国汇率都可划分为高低两种波动区制,且维持同一波动状态的区制转移概率较高。

第二,人民币和东盟各国汇率在高低两区制下的汇率波动风险倍差具有国别差异性。总体而言,以新加坡为首的南亚地区经济体汇率稳定性较高,大湄公河次区域的泰国、越南和老挝等国汇率波动风险较高,而人民币汇率波动风险居中。同时,汇率波动风险的高低决定了各国汇率在高低两种波动区制之间的转换频率。汇率波动风险越高的国家,其汇率在两种波动区制间的转换频率也就越高。

第六章

人民币与东盟国家汇率的风险溢出效应及其传导机理实证

第一节 跨货币风险溢出效应的理论基础

本书关于跨货币风险溢出效应的理论基础主要是努奇（Nucci）(2003)的三货币模型。在努奇（2003）理论模型研究的基础上，本书将货币种类扩充到八类，包括人民币、新加坡元、马来西亚林吉特、印尼盾、菲律宾比索、泰铢、越南盾和老挝基普，这也与后文的实证样本对象相一致。

一、汇率风险溢出效应理论模型的假设

努奇（2003）的三货币模型是通过对三种与美元具有双边互换协议的货币汇率进行动态向量误差修正分析，从而判断一种或多种货币在不同期限的远期溢价是否对另一种货币的即期汇率产生增量预测能力，若具有这一能力又是否会超过后者自身远期溢价的期限结构。该模型假设整个生命周期具有时间的可分性，而消费者或投资者所面临的是三种简单的投资策略，投资的过程中所用到的计价货币是美元，三种策略具体如下：

第一种策略是投资于一个以美元（US）计价的一次性存款，在一个周期后可以得到无风险利率的回报$R_{t,1}^{US}$，也就是最终的回报，即$Ret_{t,1}^1 = R_{t,1}^{US}$；

第二种策略是持有以日元（JPY）计价的无担保多头头寸，投资于一期日元计价的存款，所得回报为$R_{t,1}^{JPY}$，最终期末投资的美元回报为$Ret_{t,1}^2 = (\frac{S_{t+1}}{S_t}) R_{t,1}^{JPY}$，在这里$S_t$是美元兑日元的即期汇率；

第三种策略是持有以英镑（GBP）计价的无担保多头头寸，投资于一期英镑计价的存款，其回报为$R_{t,1}^{GBP}$，最终期末投资的美元回报为$Ret_{t,1}^3 = (\frac{S_{t+1}^*}{S_t^*}) R_{t,1}^{GBP}$。

三货币模型即在这一假定下展开。在努奇（2003）的研究中，涉及某种货币的即期汇率和远期汇率，但本书主要采用即期汇率进行研究，所以在远期汇率中不涉及 DF（境内可交割远期）和 NDF（境外无本金交割）的区分。

二、汇率风险溢出效应理论模型的构建

根据努奇（2003）三货币模型的假设，本书将三货币模型扩展为跨多种货币的汇率风险溢出效应理论模型，定义s_t^i为货币 i 的即期汇率，$f_{t,j}^i$为货币 i 期限为 j 的远期汇率，基于此，可以将所有货币的即期收益表示为$\Delta s_t^i = s_t^i - s_{t-1}^i$（i=1，2，…，8），而所有货币的远期溢价可以表示为$p_{t,j}^i = f_{t,j}^i - s_t^i$（j=1，2，3，4，5）[①]。在 Nucci（2003）三货币理论模

[①] 这里的期限 1、期限 2、期限 3、期限 4、期限 5 可以分别表示为 1 个月、3 个月、6 个月、9 个月和 12 个月。

型中，货币 i 所对应的期限为 j 的远期合约，其风险溢价为 $\phi_{t,j}^i = f_{t,j} - E_t(s_{t+j}^i)$，并且与市场上所有信息变量的线性组合存在系数为 β_{ij} 的比例关系。所以根据上文的理论假设以及基于三货币模型中得到的比例关系，可以得出下面的等式：

$$\phi_{t,j}^i = f_{t,j} - E_t(s_{t+j}^i) = \beta_{ij}(\lambda_0 + \sum_{i=1}^{11} \lambda_i^s \Delta s_t^i + \sum_{i=1}^{11}\sum_{j=1}^{5} \lambda_{ij}^f p_{t,j}^i) \quad (6-1)$$

其中 i=1, 2, 3, …11；j=1, 2, 3, 4, 5。

在一份具体期限的远期合约中，假设期限为 1，这时等式（6-1）就可以表示为：

$$\phi_{t,1}^i = f_{t,1} - E_t(s_{t+1}^i) = \beta_{i1}(\lambda_0 + \sum_{i=1}^{11}\lambda_i^s \Delta s_t^i + \sum_{i=1}^{11}\sum_{j=1}^{5} \lambda_{ij}^f p_{t,j}^i)$$

$$(6-2)$$

在上文中，因为 $p_{t,j}^i = f_{t,j} - s_t^i$，并且 $\Delta s_t^i = s_t^i - s_{t-1}^i$，所以可以得出下式：

$$f_{t,1} - E_t(s_{t+1}^i) = p_{t,j}^i + s_t^i - E_t(\Delta s_{t+1}^i + s_t^i) \quad (6-3)$$

最终推导出：

$$f_{t,1} - E_t(s_{t+1}^i) = p_{t,1}^i - E_t(\Delta s_{t+1}^i) \quad (6-4)$$

将等式（6-4）代入等式（6-2）中，在等式（6-2）的左边进行等价变换，可以转换为：

$$p_{t,1}^i - E_t(\Delta s_{t+1}^i) = \beta_{i1}\lambda_0 + \sum_{i=1}^{11}\beta_{i1}\lambda_i^s \Delta s_t^i + \sum_{i=1}^{11}\sum_{j=1}^{5}\beta_{i1}\lambda_{ij}^f p_{t,j}^i \quad (6-5)$$

对于 $E_t(\Delta s_{t+1}^i)$ 来说，一般情况下可以将其表示为 $E_t(\Delta s_{t+1}^i) = \Delta s_{t+1}^i - e_{t+1}^i$，然后把该式代入式（6-5）中，并进行转化得到下式：

$$\Delta s_{t+1}^i = -\beta_{i1}\lambda_0 + \sum_{i=1}^{11}(-\beta_{i1}\lambda_i^s)\Delta s_t^i + \sum_{i=1}^{11}\sum_{j=1}^{5}(1-\beta_{i1}\lambda_{ij}^f)p_{t,j}^i + e_{t+1}^i$$

$$(6-6)$$

令式（6-6）中的 $-\beta_{i1}\lambda_0 = \theta_{n,0}$ (n=1, 2, …, 8)，$-\beta_{i1}\lambda_i^s = \theta_{n,i}^s$ (n, i = 1, 2, ⋯, 8), $1-\beta_{i1}\lambda_{ij}^f = \theta_{n,ij}^f$ (n, i = 1, 2, ⋯, 8; j = 1, 2, 3, 4, 5), 最终式 (6-6) 可以转化成:

$$\Delta s_{t+1}^i = \theta_{n,0} + \sum_{i=1}^{11} \theta_{n,i}^s \Delta s_t^i + \sum_{i=1}^{11}\sum_{j=1}^{5} \theta_{n,ij}^f p_{t,j}^i + e_{t+1}^i \quad (6-7)$$

由此可得，式 (6-7) 便是多货币汇率风险溢出效应理论模型的通式。从该式中可以看出，等式左边的 Δs_{t+1}^i 主要依据等式右边的 $\sum_{i=1}^{11} \theta_{n,i}^s \Delta s_t^i$ 和 $\sum_{i=1}^{11}\sum_{j=1}^{5} \theta_{n,ij}^f p_{t,j}^i$，而等式右边的这两项都是通过求和得出，在 $\sum_{i=1}^{11} \theta_{n,i}^s \Delta s_t^i$ 中，是对十一种货币各自 t 期的即期收益进行求和，在 $\sum_{i=1}^{11}\sum_{j=1}^{5} \theta_{n,ij}^f p_{t,j}^i$ 中，是对十一种货币各自 t 期的远期溢价进行求和，由此可以看出，对于货币 i 在 $t+1$ 期的即期收益主要取决于十一种货币在第 t 期的即期收益和远期溢价，基于此可以得出，一种货币的汇率波动不仅与该种货币自身相关，还与其他货币汇率相关，此相关性可以称为货币之间存在着风险溢出效应。

三、汇率风险溢出效应理论模型的意义

（一）为跨货币风险溢出效应的存在性提供理论支撑

上文得出的模型通式 (6-7) 为 $\Delta s_{t+1}^i = \theta_{n,0} + \sum_{i=1}^{11} \theta_{n,i}^s \Delta s_t^i + \sum_{i=1}^{11}\sum_{j=1}^{5} \theta_{n,ij}^f p_{t,j}^i + e_{t+1}^i$，从该式中可以看出，货币 i 在 $t+1$ 期的即期收益 Δs_{t+1}^i 主要取决于其他货币在第 t 期的即期收益之和 $\sum_{i=1}^{11} \theta_{n,i}^s \Delta s_t^i$ 和远期溢价之和 $\sum_{i=1}^{11}\sum_{j=1}^{5} \theta_{n,ij}^f p_{t,j}^i$，即货币 i 在第 $t+1$ 期的即期收益不仅与该种货币自身相关，还会受到其他货币汇率波动的影响。因此理论模型表明，一种货币的汇率在一定期限内收益的变动与同种货币及相关货币上一期限内收

益变动、远期溢价有关。

对货币而言，收益的变动即体现为货币汇率波动风险，所以汇率风险溢出效应理论模型最终所得出的结论可以表述为：一种货币汇率的变化同时受到该种汇率历史波动风险以及其他汇率历史波动风险的影响。由此可得，不同货币的汇率风险具有关联性，即当在一国货币汇率发生大幅波动时，不仅会导致后期该种货币汇率风险的增加，这种汇率风险还将跨境传导至其他国家，从而形成跨货币风险溢出效应。

若用该模型研究人民币与东盟国家货币之间的汇率风险溢出效应，则相应的理论模型表达式为 $\Delta s_{t+1}^1 = \theta_{1,0} + \sum_{i=1}^{11} \theta_{1,i}^s \Delta s_t^i + \sum_{i=1}^{11}\sum_{j=1}^{5} \theta_{1,ij}^f p_{t,j}^i + e_{t+1}^1$，其中，$\Delta s_{t+1}^1$ 表示第 $t+1$ 期人民币汇率波动率，人民币汇率会受到人民币及其他七种东盟货币汇率的波动影响。同理，人民币的波动风险也会传导至其他七种东盟货币的汇率。

（二）为跨货币风险溢出效应的实证分析提供理论基础

在该理论模型分析中，根据相关假设条件对人民币等八种货币的汇率序列进行理论推导，最终可得出人民币与东盟国家的货币汇率之间存在风险溢出效应。若在理论模型中不考虑远期汇率溢价因素，即式（6-7）中不包含 $\sum_{i=1}^{11}\sum_{j=1}^{5} \theta_{n,ij}^f p_{t,j}^i$ 项，此时货币 i 的即期收益 Δs_{t+1}^i 主要取决于 $\sum_{i=1}^{11} \theta_{1,i}^s \Delta s_t^i$ 项，同样表明货币 i 的汇率变动受到其本身以及其他货币的历史波动状况影响，这为后文实证过程中主要使用即期汇率进行分析奠定了理论基础。

基于上述分析可以看出，本节理论模型的推导与后文的实证分析相辅相成，前者为后者的完成建立理论基础，后者为前者的理论提供实际支撑。

第二节 实证方法与模型构建

一、实证方法概述

本节将在跨货币风险溢出效应理论模型的基础上,重点对人民币汇率与东盟各国货币汇率间的风险溢出效应及其汇率风险跨境传导机理进行实证分析。首先,运用二元向量 MSVAR 模型,验证我国的人民币汇率与东盟七国货币汇率之间是否存在依 Markov 区制状态转移的风险溢出效应,以及这种效应的时变特征如何体现。然后,采用二元向量 SWARCH 模型考察人民币与东盟国家主要货币之间的汇率风险溢出效应传导机理。

二、多元向量 MSVAR 模型的构建

借鉴克罗尔齐格(1998)、克罗尔齐格和托洛(2000)相关成果,本书构建了向量 MSVAR 模型基准设定形式为:

$$Y_{it} = \alpha_i(s_t) + \sum_{k=1}^{p} \beta_i(s_t) \cdot Y_{it-k} + \varepsilon_{it}, \quad \varepsilon_{it} \sim NID(0, \sigma^2_{i(S_t)}) \quad (6-8)$$

其中,Y_{it} 为内生向量,s_t 为状态参数,$\alpha_i(s_t)f$、$\beta_i(s_t)$ 分别为随区制转移的截距向量和系数向量,ε_{it} 为随区制转移的残差向量,具有依赖于区制状态转移的方差协方差矩阵。

需要说明的是,状态参数 s_t 是控制着区制状态生成过程的不可观测变量,服从具有 M 个状态的离散形式的 Markov 链:

$$\Pr(s_t \mid \{s_{t-j}\}_{j=1}^{\infty}, \{y_{t-j}\}_{j=1}^{\infty}) = Pr(s_t \mid s_{t-1}; \rho), \quad s_t \in \{1, \cdots, M\}$$

$$(6-9)$$

其中 ρ 是区制状态生成过程的参数向量,其区制转移概率矩阵为:

$$P = \begin{bmatrix} p_{11} & p_{12} & \cdots & p_{1M} \\ p_{21} & p_{22} & \cdots & p_{2M} \\ \cdots & \cdots & \cdots & \cdots \\ p_{M1} & p_{M2} & \cdots & p_{MM} \end{bmatrix} \quad (6-10)$$

其中,$p_{ij} = Pr(s_{t+1} = j | s_t = i)$,$\sum_{j=1}^{M} p_{ij} = 1$,$\forall i, j \in \{1, \cdots, M\}$。

在向量 MSVAR 模型的基准形式中,截距项、参数系数、残差项以及方差协方差矩阵都可以随区制改变发生状态转移,因而可根据需要在模型的上述四个构成部分调整状态参数的引入方式,由此演化出多种模型变体。在后文的实证检验中,本书将分别针对 {lnCNY, lnSGD}、{lnCNY, lnMYR}、{lnCNY, lnIDR}、{lnCNY, lnPHP}、{lnCNY, lnTHB}、{lnCNY, lnVND}、{lnCNY, lnLAK} 七组二元向量系统构建 MSVAR 模型,验证我国与东盟七国外汇市场之间是否存在依 Markov 区制状态转移的风险溢出效应,以及这种效应的时变特征如何体现。

三、多元向量 SWARCH 模型的构建

在金融时间序列分析中,用于刻画金融资产价格波动聚集性最经典的模型就是自回归条件异方差(ARCH)簇模型(恩格尔,1982),并由布勒斯勒夫(1986)扩展为 GARCH 模型,广泛应用于资产价格波动风险的实证研究中。然而,GARCH 模型往往会过高估计资产价格波动聚集的持续性,这在一定程度上会降低该模型的预测准确性。相关研究发现,引入资产价格波动的结构突变后能够有效地改善 GARCH 模型的估计效果。当然,在 GARCH 模型中引入结构突变的方式并不唯一,较适宜的处理方法是按照汉密尔顿和苏斯梅尔(1994)的做法,考虑引

入 Markov 区制转移特征，建立 SWARCH 模型。此类模型的优点在于允许金融资产价格波动存在多种状态，并以概率分布形式对其加以描述，相较于传统的绝对化方式引入的多重状态更为科学和合理（王建军，2007），因为该方法可以确保在数据信息含量不丢失的同时能完整地刻画价格时序在各种区制状态下的波动特征（丁志国等，2007；王喜军、林桂军，2008）。鉴于本书将深入研究人民币与东盟国家货币汇率间的风险跨市传导机理，应当采用向量 SWARCH 模型进行实证。

向量 SWARCH 模型最具代表性的应用成果是拉姆昌德和苏斯梅尔（Ramchand and Susmel）（1998）对美国与 OECD 四国（日本、英国、德国、加拿大）股市风险的共变性研究以及爱德华兹和苏斯梅尔（2001）对拉美五国股市的波动风险跨市传导机理的深入探析。在借鉴上述前人成功实践的基础上，本书将尝试构建关于人民币与东盟国家货币汇率之间的二元向量 SWARCH（2，1）模型①，设定形式如下：

均值方程：$r_t = A + B \cdot r_{t-1} + E_t$，$E_t \mid I_{t-1} \sim N(0, H_t)$ (6-11)

其中，r 表示各国货币汇率的对数收益率构成的二元向量，A、B 为截距向量和自回归系数向量，E_t 为均值方程的残差向量，I_{t-1} 为滞后一期的信息集，基于滞后一期信息集得到的当期残差向量 E_t 服从均值为零且具有方差协方差矩阵 H_t 的二维正态分布。均值方程的展开式为：

$$\begin{pmatrix} r_t^{CNY} \\ r_t^{ASEAN} \end{pmatrix} = \begin{pmatrix} \alpha^{CNY} \\ \alpha^{ASEAN} \end{pmatrix} + \begin{pmatrix} \beta^{CNY} \\ \beta^{ASEAN} \end{pmatrix} \cdot \begin{pmatrix} r_t^{CNY} \\ r_t^{ASEAN} \end{pmatrix} + \begin{pmatrix} \varepsilon_t^{CNY} \\ \varepsilon_t^{ASEAN} \end{pmatrix} \quad (6-12)$$

式中各变量的上角标 *CNY* 和 *ASEAN* 分别表示人民币和某一东盟货币汇率。

对于条件方差协方差矩阵 H_t，其对角元素为 $h_t / \gamma_{s_t} = a_0 + a_1 \cdot \varepsilon_{t-1}^2 /$

---

① SWARCH（2，1）模型表示具有两个区制状态，滞后一期 ARCH 项的马尔科夫区制转移自回归条件异方差模型。

$\gamma_{s_{t-1}}$，由 $h_t^{CNY-CNY}/\gamma_{s_t}$ 和 $h_t^{ASEAN-ASEAN}/\gamma_{s_t}$ 构成，其中 h_t 为条件方差，γ 为刻度变量，a_0、a_1 分别为截距系数和残差方差系数。而非对角元素为 $h_t^{CNY-ASEAN}$ $= \rho_{s_t} \cdot [h_t^{CNY}, h_t^{ASEAN}]^{1/2}$，此处的 ρ_{s_t} 表示人民币与某一东盟货币汇率的状态相关系数，通过识别二元向量 SWARCH 系统中不同区制状态下的 ρ_{s_t} 显著性，即可判断出人民币与相应的某一东盟货币汇率之间是否存在着门限效应以及门限效应的特征如何体现，从而可揭示出汇率风险跨境传染的机理。

在矩阵 H_t 中，状态参数 s_t 是控制着区制状态生成过程的不可观测变量。由于 s_t^{CNY} 和 s_t^{ASEAN} 都分别具有低、高两个区制状态，分别用 1 和 2 表示，则对于二元向量 SWARCH 模型来说，s_t^* 就具有四种组合状态，可表示为：

（1）$s_t^* = 1$：$s_t^{CNY} = 1$，$s_t^{ASEAN} = 1$；

（2）$s_t^* = 2$：$s_t^{CNY} = 1$，$s_t^{ASEAN} = 2$；

（3）$s_t^* = 3$：$s_t^{CNY} = 2$，$s_t^{ASEAN} = 1$；

（4）$s_t^* = 4$：$s_t^{CNY} = 2$，$s_t^{ASEAN} = 2$。

因此，s_t^* 服从具有 4 个状态的离散形式的一阶 Markov 链，转移概率矩阵

$$P^* = \begin{pmatrix} p_{11} & \cdots & p_{14} \\ \vdots & \ddots & \vdots \\ p_{41} & \cdots & p_{44} \end{pmatrix} \qquad (6-13)$$

其中，矩阵元素 $p_{ij} = \Pr(s_t^* = j \mid s_{t-1}^* = i)$，且 $\sum_{j=1}^{2} p_{ij} = 1$；$i, j = 1, 2$。

在实证过程中可根据需要对 P^* 中各元素施加不同的约束，以便减少估计参数。

在上述模型设定形式下,二元向量 SWARCH 模型的待估参数空间为 $\Theta = (\alpha^{CNY}, \alpha^{ASEAN}; \beta^{CNY}, \beta^{SAEAN}; a_0^{CNY}, a_0^{ASEAN}; a_1^{CNY}, a_1^{ASEAN}; \gamma_1^{CNY}, \gamma_2^{CNY}; \gamma_1^{ASEAN}, \gamma_2^{ASEAN}; \rho_1, \rho_2, \rho_3, \rho_4)$,可采用多元变量的极大似然估计法进行实证,同时得出相应的转移概率矩阵。

第三节 人民币与东盟货币汇率风险溢出效应检验

一、样本设定及数据处理

与前文实证保持一致,本节仍然选取人民币(lnCNY)以及新加坡元(lnSGD)、马来西亚林吉特(lnMYR)、印尼盾(lnIDR)、菲律宾比索(lnPHP)、泰铢(lnTHB)、越南盾(lnVND)、老挝基普(lnLAK)八种汇率作为研究对象,检验区间从 2005 年 7 月 21 日至 2014 年 1 月 22 日,所有数据均取自路透交易终端。

在第五章第二节的表 5-1 中,上述八条汇率对数收益率序列都通过了 ADF 检验,均为 I(0) 时间序列,可以进行协整检验。分别建立 {lnCNY, lnSGD}、{lnCNY, lnMYR}、{lnCNY, lnIDR}、{lnCNY, lnPHP}、{lnCNY, lnTHB}、{lnCNY, lnVND}、{lnCNY, lnLAK} 七组二元向量系统做协整检验,结果如下:

表 6-1 人民币与东盟七国货币汇率收益率的协整检验结果

变量	特征值	迹检验 原假设	迹统计量	5%临界值	最大特征值检验 原假设	最大特征值统计量	5%临界值
lnCNY 与 lnSGD	0.3816	None *	1939.7990	12.3209	None *	1065.507	11.22480
	0.3259	At most 1 *	874.2915	4.1299	At most 1 *	874.2915	4.129906
lnCNY 与 lnMYR	0.2576	None *	1292.563	12.3209	None *	660.1875	11.22480
	0.2483	At most 1 *	632.3759	4.1299	At most 1 *	632.3759	4.129906
lnCNY 与 lnIDR	0.2653	None *	1255.864	20.2618	None *	683.0683	15.8921
	0.2278	At most 1 *	572.7961	9.1645	At most 1 *	572.7961	9.164546
lnCNY 与 lnPHP	0.2644	None *	1295.187	20.2618	None *	680.5307	15.8921
	0.2422	At most 1 *	614.6560	9.1645	At most 1 *	614.6560	9.164546
lnCNY 与 lnTHB	0.3017	None *	1471.7040	20.26184	None *	795.7841	15.89210
	0.2629	At most 1 *	675.9195	9.164546	At most 1 *	675.9195	9.164546
lnCNY 与 lnVND	0.2720	None *	1363.859	20.26184	None *	703.5155	15.89210
	0.2577	At most 1 *	660.3438	9.164546	At most 1 *	660.3438	9.164546
lnCNY 与 lnLAK	0.2967	None *	1435.875	20.26184	None *	779.8530	15.89210
	0.2562	At most 1 *	656.0225	9.164546	At most 1 *	656.0225	9.164546

可以看到，七组汇率都具有协整关系，满足了构建 MSVAR 模型的前提条件。

二、二元向量 MS-VAR 模型的具体设定形式

本书将各国汇率划分为"低波动"和"高波动"两种状态，分别用"1"和"2"表示，故在二元向量 MS-VAR 模型中，两国汇率具有四种联合波动区制状态，即：

区制状态 1：人民币汇率处于低波动区制，东盟国汇率处于低波动

区制；

状态2：人民币汇率处于低波动区制，东盟国汇率处于高波动区制；

状态3：人民币汇率处于高波动区制，东盟国汇率处于低波动区制；

状态4：人民币汇率处于高波动区制，东盟国汇率处于高波动区制。

经检验，该模型系统中内生向量的最优滞后阶数为1阶。如表6-2所示，在对二元向量MSVAR模型设定形式的检验中，LR线性检验结果非常显著，这表明各国汇率确实具有波动跳跃性，因而汇率数据的生成更适宜采用非线性模型来刻画，而且本书所设定的具有区制转移特性的各种MSVAR模型确实优于线性VAR模型。本书综合比较了极大似然对数值LL以及AIC、HQ、SC等参考指标，最终选定MSIH（2）-VAR（1）为最适宜模型，在此模型中，状态参数在截距项和方差协方差矩阵中引入。

表6-2 二元向量MS-AR模型设定形式检验结果

检验方法	LL	AIC	HQ	SC	LR 线性检验
样本A：LnCNY与lnSGD					
MSM（2）-VAR（1）	6091.2426	-3.9753	-3.9661	-3.9497	-0.2374
MSMH（2）-VAR（1）	6972.8075	-4.5499	-4.5386	-4.5184	1762.8923
MSMAH（2）-VAR（1）	/	/	/	/	/
MSH（2）-VAR（1）	6971.7994	-4.5506	-4.5406	-4.523	1760.8761
MSI（2）-VAR（1）	6091.242	-3.9753	-3.9661	-3.9497	-0.2387
MSIH（2）-VAR（1）	6972.7489	-4.5499	-4.5385	-4.5183	1762.7751
样本B：LnCNY与lnMYR					
MSM（2）-VAR（1）	5508.6086	-3.5943	-3.585	-3.5686	-0.1413
MSMH（2）-VAR（1）	6397.9701	-4.174	-4.1626	-4.1424	1778.5816

续表

检验方法	LL	AIC	HQ	SC	LR 线性检验
MSMAH（2）-VAR（1）	5368.9622	-3.4983	-3.4842	-3.4589	-279.4341
MSH（2）-VAR（1）	6397.8983	-4.1752	-4.1653	-4.1476	1778.4382
MSI（2）-VAR（1）	5508.6065	-3.5942	-3.585	-3.5686	-0.1455
MSIH（2）-VAR（1）	6397.9787	-4.174	-4.1626	-4.1424	1778.5988
样本 C：LnCNY 与 lnIDR					
MSM（2）-VAR（1）	5119.1895	-3.3396	-3.3304	-3.3139	-0.0652
MSMH（2）-VAR（1）	6341.6996	-4.1371	-4.1258	-4.1056	2444.9549
MSMAH（2）-VAR（1）	/	/	/	/	/
MSH（2）-VAR（1）	6340.9153	-4.1379	-4.128	-4.1104	2443.3864
MSI（2）-VAR（1）	5119.1856	-3.3396	-3.3304	-3.3139	-0.0732
MSIH（2）-VAR（1）	6341.7981	-4.1372	-4.1259	-4.1057	2445.1519
样本 D：LnCNY 与 lnPHP					
MSM（2）-VAR（1）	5787.278	-3.7765	-3.7673	-3.7509	0.516
MSMH（2）-VAR（1）	/	/	/	/	/
MSMAH（2）-VAR（1）	/	/	/	/	/
MSH（2）-VAR（1）	6593.3314	-4.303	-4.2931	-4.2754	1612.6229
MSI（2）-VAR（1）	5787.2604	-3.7765	-3.7673	-3.7509	0.4807
MSIH（2）-VAR（1）	6597.8682	-4.3047	-4.2934	-4.2732	1621.6965
样本 E：LnCNY 与 lnTHB					
MSM（2）-VAR（1）	2453.049	-1.5958	-1.5866	-1.5702	-0.0605
MSMH（2）-VAR（1）	/	/	/	/	/
MSMAH（2）-VAR（1）	/	/	/	/	/
MSH（2）-VAR（1）	6251.5354	-4.0795	-4.0696	-4.0519	7596.9124
MSI（2）-VAR（1）	2453.0506	-1.5958	-1.5866	-1.5702	-0.0573

续表

检验方法	LL	AIC	HQ	SC	LR 线性检验
MSIH（2）-VAR（1）	6012.0218	-3.9215	-3.9102	-3.89	7117.8851
样本 F：LnCNY 与 lnVND					
MSM（2）-VAR（1）	7036.0973	-4.5933	-4.5841	-4.5676	-0.1112
MSMH（2）-VAR（1）	/	/	/	/	/
MSMAH（2）-VAR（1）	/	/	/	/	/
MSH（2）-VAR（1）	9833.8068	-6.4224	-6.4125	-6.3948	5595.3077
MSI（2）-VAR（1）	7036.0961	-4.5933	-4.5841	-4.5676	-0.1137
MSIH（2）-VAR（1）	9837.6192	-6.4236	-6.4122	-6.392	5602.9325
样本 G：LnCNY 与 lnLAK					
MSM（2）-VAR（1）	7872.0425	-5.14	-5.1308	-5.1144	-0.1427
MSMH（2）-VAR（1）	/	/	/	/	/
MSMAH（2）-VAR（1）	/	/	/	/	/
MSH（2）-VAR（1）	9580.4782	-6.2567	-6.2468	-6.2291	3416.7289
MSI（2）-VAR（1）	7872.0425	-5.14	-5.1308	-5.1144	-0.1425
MSIH（2）-VAR（1）	9581.4443	-6.256	-6.2447	-6.2245	3418.661

注："/"表示不适宜构建该模型。

根据上述模型设定形式的检验结果，本书构建了如下二元变量 MSIH（2）-VAR（1）模型：

$$\ln CNY_t = \alpha_1(s_t) + \beta_1 \cdot \ln CNY_{t-1} + \gamma_1 \cdot \ln ASEAN currency_{t-1} + \varepsilon_{1t}$$

（6-14）

$$\ln ASEAN currency_t = \alpha_2(s_t) + \beta_2 \cdot \ln CNY_{t-1} + \gamma_2 \cdot \ln ASEAN currency_{t-1} + \varepsilon_{2t}$$

（6-15）

其中，$\varepsilon_{1t} \sim NID(0, \sigma^2_{1(S_t)})$，$\varepsilon_{2t} \sim NID(0, \sigma^2_{2(S_t)})$；lnCNY 表示人

民币汇率的对数收益率，lnASEAN*currency* 表示东盟各国货币汇率的对数收益率。①

两国汇率的区制组合状态为：

$$s_t = \begin{cases} 1, & if CNY=1, ASEANcurrency=1 \\ 2, & if CNY=1, ASEANcurrency=2 \\ 3, & if CNY=2, ASEANcurrency=1 \\ 4, & if CNY=2, ASEANcurrency=2 \end{cases} \quad (6-16)$$

其中，1 表示低波动区制，2 表示高波动区制，而相应的转移概率矩阵为

$$Pr = \begin{bmatrix} p_{11} & p_{12} & p_{13} & p_{14} \\ p_{21} & p_{22} & p_{23} & p_{24} \\ p_{31} & p_{32} & p_{33} & p_{34} \\ p_{41} & p_{42} & p_{43} & p_{44} \end{bmatrix}。 \quad (6-17)$$

为简化估计，本书仅考虑两国外汇市场同时从同一种区制状态转向另一种区制状态的联合概率，其余转移概率设为零，则转移概率矩阵简化为下列形式：

$$Pr = \begin{bmatrix} p_{11} & 0 & 0 & p_{14} \\ 0 & 0 & 0 & 0 \\ 0 & 0 & 0 & 0 \\ p_{41} & 0 & 0 & p_{44} \end{bmatrix}。 \quad (6-18)$$

---

① 为省去表达式烦琐性，采用 lnASEAN currency 统一表示 lnSGD、lnMYR、lnIDR、lnPHP、lnTHB、lnVND、lnLAK。

三、人民币与东盟各国货币汇率间的风险溢出效应检验

（一）人民币与东盟各国汇率的相关性分析

为了预判人民币与东盟各国汇率是否存在风险溢出效应，本书对相关汇率收益率做了方差分析，结果显示人民币与越南盾、老挝基普之外的五国汇率收益率之间存在显著的协方差相关性，这表明人民币与上述各国汇率收益率之间的共变性可能表现为风险溢出效应。

表6-3 人民币与东盟各国汇率收益率的协方差相关性

	lnCNY	lnSGD	lnMYR	lnIDR	lnPHP	lnTHB	lnVND	lnLAK
lnCNY	0.01							
lnSGD	0.01*** (7.36)	0.13						
lnMYR	0.01*** (12.19)	0.06*** (22.98)	0.15					
lnIDR	0.01** (6.33)	0.04*** (10.67)	0.08*** (20.27)	0.25				
lnPHP	0.01*** (6.92)	0.05*** (16.18)	0.08** (24.90)	0.06*** (14.91)	0.18			
lnTHB	0.002*** (2.14)	0.05*** (11.28)	0.04*** (8.56)	0.03*** (4.53)	0.03*** (6.64)	0.35		
lnVND	-0.00 (-0.33)	0.001 (0.43)	0.001 (0.25)	0.002 (0.67)	0.01*** (2.76)	0.002 (0.41)	0.08	
lnLAK	-0.00 (-0.64)	-0.001 (-0.77)	0.003 (1.41)	0.003 (1.40)	0.01*** (3.15)	0.003 (1.19)	-0.00 (-0.17)	0.04

（二）人民币与东盟各国货币汇率间的风险溢出效应检验结果

通过对 {lnCNY, lnSGD}、{lnCNY, lnMYR}、{lnCNY, lnIDR}、

{lnCNY, lnPHP}、{lnCNY, lnTHB}、{lnCNY, lnVND}、{lnCNY, lnLAK} 七组二元变量分别构建 MSIH（2）-VAR（1）模型（估计结果见表6-4、表6-5、表6-6），主要结论如下：

第一，估计参数总体显著，各组模型的拟合优度良好。模型中的截距项估计系数 $\alpha_1(1)$、$\alpha_1(2)$、$\alpha_2(1)$、$\alpha_2(2)$ 总体上为负值，且大部分具有显著的区制转移特征，这表明人民币与东盟各国货币汇率确实存在非线性的波动跳跃现象，这与该区域内各国汇率自身具有的区制依赖特性是一致的，更重要的是，该结果表明人民币与东盟七国货币汇率之间存在风险溢出效应。

第二，各组模型中自回归滞后项的估计系数 β_1、γ_2 体现了各国当期汇率受滞后一期汇率波动的影响。其中，系数 β_1 仅在人民币与新加坡元、人民币与老挝基普这两组汇率对构成的 MSIH（2）-VAR（1）模型中通过了显著性检验，而 γ_2 在人民币与菲律宾比索、人民币与越南盾、人民币与老挝基普等三组汇率对构成的 MSIH（2）-VAR（1）模型中通过了显著性检验，这表明，人民币汇率受自身历史行情影响不明显，而东亚各国货币汇率中仅有菲律宾比索、越南盾和老挝基普等三国货币汇率受自身历史行情影响较为显著。与此同时，系数 β_2 反映的是人民币汇率对东盟各国货币汇率的滞后影响，γ_1 反映的是东盟各国货币汇率对人民币汇率的滞后影响，而 β_2 仅在人民币与越南盾构成的模型中显著，γ_1 在人民币与菲律宾比索、人民币与越南盾、人民币与老挝基普等三组汇率对构成的模型中显著。这表明，人民币汇率波动对东盟国家的汇率基本不能产生影响，相反，人民币汇率更有可能受到与我国毗邻的东盟国家的汇率波动影响。由此可知，人民币与东盟各国货币汇率间的风险溢出效应具有明显的非对称性，即人民币汇率比东盟七国汇率更易受到周边国家汇率波动的冲击。

表 6-4　二元向量 MSIH（2）-VAR（1）模型估计结果-A

变量	待估参数							
	$\alpha_1(1)$	$\alpha_1(2)$	$\alpha_2(1)$	$\alpha_2(2)$	α_1	α_2	γ_1	γ_2
lnCNY 和 lnSGD	-0.0026***	-0.0018	-0.0064*	0.0043	-0.0395*	-0.0303	0.0439***	-0.0298
	(-4.20)	(-0.73)	(-2.15)	(0.64)	(-2.14)	(-0.49)	(9.25)	(-1.59)
LnCNY 和 lnMYR	-0.0025***	-0.0022	0.0010	0.0046	-0.0283	0.0744	-0.0011	0.0045
	(-4.18)	(-0.92)	(0.26)	(0.60)	(-1.58)	(1.01)	(-0.29)	(0.24)
lnCNY 和 lnIDR	-0.0035***	0.0002	0.0065***	-0.0011	-0.0280	0.0097	0.0090**	0.0037
	(-4.77)	(0.07)	(2.60)	(0.09)	(-1.53)	(0.17)	(2.17)	(0.23)
lnCNY 和 lnPHP	-0.0019***	-0.0030	-0.0118***	0.0110*	-0.0265	-0.0583	0.0071**	-0.0661***
	(-3.07)	(-1.37)	(-3.02)	(1.75)	(-1.43)	(-0.90)	(2.02)	(-3.59)
lnCNY 和 lnTHB	-0.0100***	-0.0017*	-0.0165	-0.0017	0.0205	-0.0616	0.0010	0.0034
	(-3.05)	(-1.71)	(-0.12)	(-0.73)	(1.13)	(-1.41)	(0.59)	(0.34)
lnCNY 和 lnVND	-0.0033***	0.0009	0.0011	0.0209***	0.0069	0.0281**	-0.0009	-0.1696***
	(-4.12)	(0.28)	(1.99)	(2.63)	(0.38)	(2.17)	(-0.07)	(-9.63)
lnCNY 和 lnLAK	-0.0027	-0.0022	-0.0068	-0.0015***	-0.0373**	-0.0017	0.0083	-0.0467***
	(-1.17)	(-2.90)	(-1.77)	(-2.79)	(-2.17)	(-0.14)	(0.86)	(-5.12)

第三，对比各组模型的 $\sigma_1(1)$、$\sigma_1(2)$ 和 $\sigma_2(1)$、$\sigma_2(2)$ 的估值可发现，人民币与东盟各国货币的汇率波动风险也具有显著的区制依赖性：相对于低波动区制下，人民币、新加坡元、马来西亚林吉特、印尼盾、菲律宾比索和越南盾等汇率在高波动区制状态下面临着更高的汇率波动风险；而泰铢和老挝基普的汇率波动风险在低波动区制状态下更高。造成这一结果的主要原因可能是我国与东盟国家的经贸关系密切，汇率风险传导路径更便捷。因此，一旦东盟国家的汇率出现大幅震荡行情，就应当加强防范来自上述地区的风险输入。

第四，人民币与东盟七国的汇率收益率同期相关性 ρ_1、ρ_2 基本为正，且无论在哪种波动区制状态下，人民币汇率与新加坡、马来西亚、印尼和菲律宾等南亚国家的汇率相关性更高，这表明我国与这些国家的外汇市场都受到了共同的因素影响。2010年8月以来，我国陆续推出针对马来西亚林吉特、印尼盾、新加坡元的直接交易机制，这应当是导致我国与上述南亚国家汇率关联性较高的重要现实原因。此外，比较区制持续期后可发现，人民币与东盟七国汇率同处于低波动状态的持续时期明显长于或约等于同处高波动状态的持续时期，且同期相关性更高则双边汇率维持在同一区制状态的时期也更长，这可能也是双边外汇市场联合稳定性的体现。

表6-5 二元向量 MSIH（2）-VAR（1）模型估计结果-B

变量	$\sigma_1(1)$	$\sigma_1(2)$	$\sigma_2(1)$	$\sigma_2(2)$	ρ_1	ρ_2	区制1持续期	区制2持续期
lnCNY 和 lnSGD	0.0227	0.0816	0.1176	0.2081	0.1081	0.2515	12.84	7.28
lnCNY 和 lnMYR	0.0210	0.0801	0.1325	0.2516	0.2397	0.2924	8.19	5.44
lnCNY 和 lnIDR	0.0289	0.0884	0.0987	0.3611	0.1516	0.1743	6.11	2.43
lnCNY 和 lnPHP	0.0192	0.0778	0.1405	0.1996	0.1591	0.1963	9.07	6.89
lnCNY 和 lnTHB	0.0453	0.0536	2.0456	0.1240	0.0490	0.2037	8.5	119.71
lnCNY 和 lnVND	0.0360	0.0863	0.0237	0.2173	0.0074	0.0119	11.59	3.83
lnCNY 和 lnLAK	0.0770	0.0273	0.1329	0.0187	0.0062	0.0378	2.49	3.71

第五，各组模型的转移概率矩阵显示，我国与东盟七国货币汇率具有明显的波动同步性。人民币汇率与东盟各国货币汇率同时从高（低）波动区制向低（高）波动区制转移的概率一般都高于80%，也就是说，两国汇率在前后两期同时维持同一区制状态的概率较高。结合前述结论中东盟国家汇率对人民币汇率存在显著的单向正向影响的结论，这表明一旦境外汇市风险传导至我国，那么其导致的汇率震荡会持续一段时期。

表6-6 二元变量MSIH（2）-VAR（1）模型的区制转移概率矩阵

		区制1	区制4
lnCNY 和 lnSGD	区制1	0.9221	0.0779
	区制4	0.1373	0.8627
lnCNY 和 lnMYR	区制1	0.8779	0.1221
	区制4	0.184	0.816
lnCNY 和 lnIDR	区制1	0.8363	0.1637
	区制4	0.412	0.588
lnCNY 和 lnPHP	区制1	0.8898	0.1102
	区制4	0.1451	0.8549
lnCNY 和 lnTHB	区制1	0.8823	0.1177
	区制4	0.0084	0.9916
lnCNY 和 lnVND	区制1	0.9138	0.0862
	区制4	0.2612	0.7388
lnCNY 和 lnLAK	区制1	0.5983	0.4017
	区制4	0.2694	0.7306

第六，图6-1显示了人民币与东盟七国汇率收益率间的区制平滑概率和滤子概率曲线。我国与东盟七国外汇市场同时从高（低）波动区制向相反的波动区制转移的方式和频率与各自本币汇率的区制依赖特

性紧密相关,人民币与越南盾、老挝基普之间的二元汇率在不同区制状态间的转换频率尤其高。可以认为,上述两两汇率波动状态转移的同步性会导致风险跨境传染发生后两国的汇率震荡加剧,尤其是在越南、老挝等紧邻国汇率的频繁波动影响下,我国外汇市场的稳定性也会受到削弱。

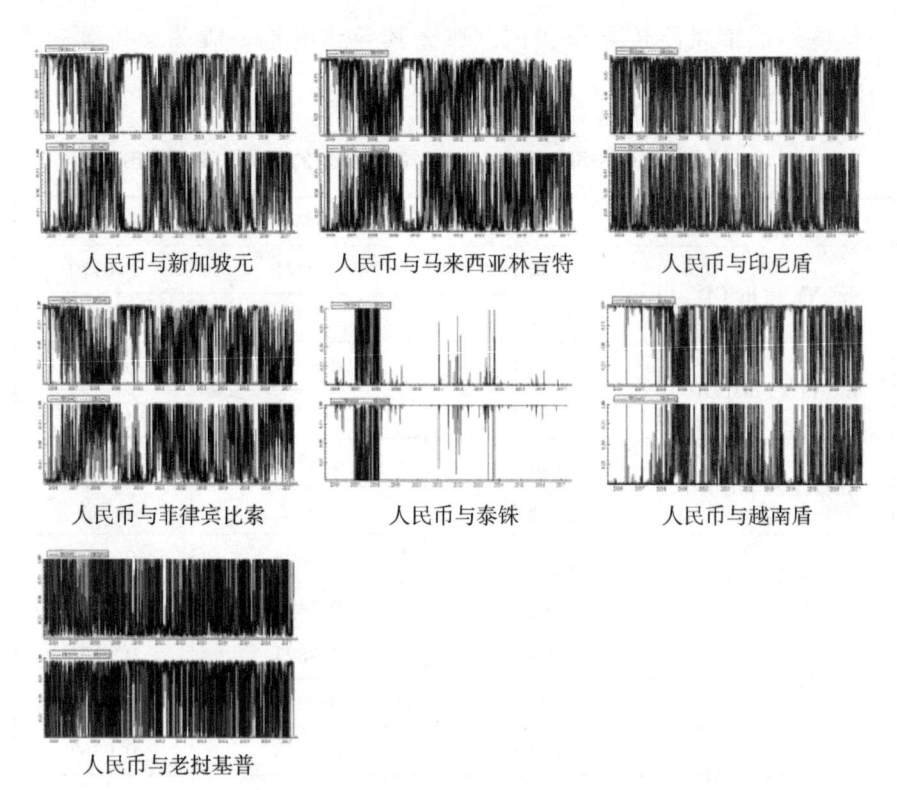

人民币与新加坡元　　人民币与马来西亚林吉特　　人民币与印尼盾

人民币与菲律宾比索　　人民币与泰铢　　人民币与越南盾

人民币与老挝基普

图6-1　人民币与东盟七国汇率收益率间的区制平滑概率及滤子概率

第七,本书还借鉴了克罗尔齐格和托洛(2000)提出的MSVAR模型脉冲响应分析法,对人民币与东盟七国汇率收益率的二元MSIH(2)-VAR(1)模型系统进行了脉冲响应研究(结果参见图6-2)。无论在何种波动区制下,某种货币汇率一标准单位的新息冲击都会导致当

<<< 第六章 人民币与东盟国家汇率的风险溢出效应及其传导机理实证

天的本币汇率发生"超调",随后向反方向回调,需经过2~3天后,冲击的影响才会逐渐消失。一标准单位的人民币汇率新息冲击对自身的影响在高波动区制下更强烈,而对东盟各国汇率的影响在高低两种波动区制下相差无几;相比之下,一标准单位的东盟国家货币冲击对自身的影响在低波动区制下更强烈,对人民币汇率的影响在两种波动区制下也大致相当。有意思的是,人民币汇率对东盟各国汇率的冲击作用较小,而东盟各国汇率对人民币汇率的冲击作用相对更明显一些,且作用方向为正①。也就是说,人民币汇率更容易受到东盟各国汇率波动的影响,这与前文结论是相一致的。

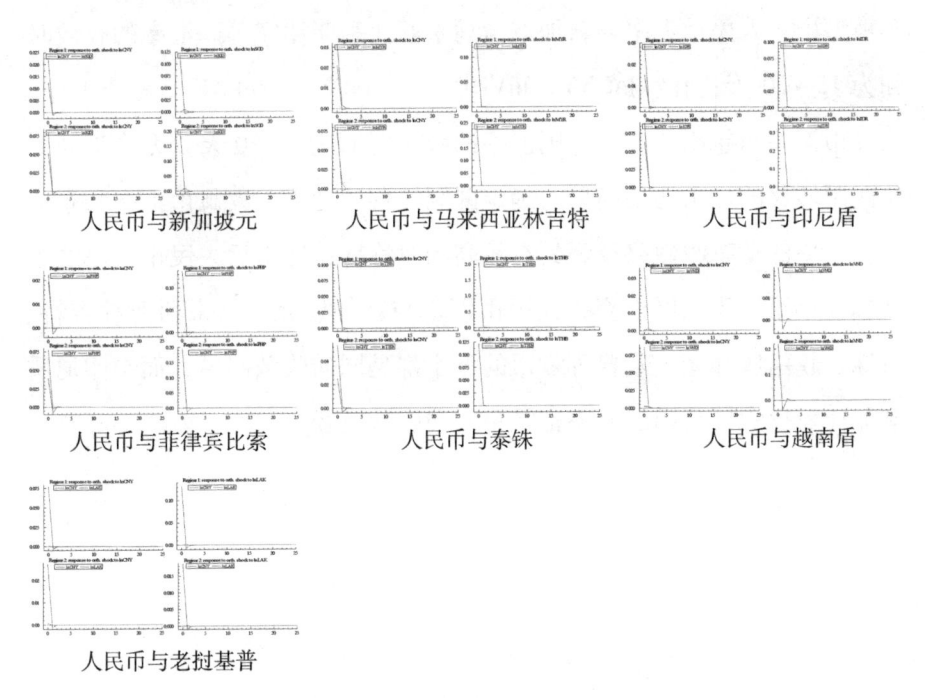

人民币与新加坡元　　人民币与马来西亚林吉特　　人民币与印尼盾

人民币与菲律宾比索　　人民币与泰铢　　人民币与越南盾

人民币与老挝基普

图6-2　人民币与东盟国家货币汇率间的脉冲响应

---

① 应当注意到纵坐标的刻度大小会影响冲击响应程度的视觉效果,造成对实证结论的误判。

第八，本书还根据克罗尔齐格和托洛（2000）的方法给出了比一般线性脉冲响应更全面的区制转移脉冲响应结果（参见图6-3），其基本思想是将区制状态的一次性转移视为外生冲击①，模拟出MSVAR系统中各个内生变量此后的动态收敛路径。在七组MSIH（2）-VAR（1）系统中，当区制状态转移的冲击出现之后，人民币汇率和东盟七国汇率的组合呈现出同向收敛和反向收敛这两类动态收敛路径。总的来看，在面临不同的区制转移冲击时，人民币汇率及东盟七国汇率趋于完全收敛的时间长度在各个模型系统中存在差异，与中国—东盟国家的地理距离呈正比：在 {lnCNY, lnSGD}、{lnCNY, lnMYR}、{lnCNY, lnPHP} 等模型中，人民币汇率与新加坡、马来西亚和菲律宾等国汇率的收敛时间为15~20天；在 {lnCNY, lnVND}、{lnCNY, lnLAK} 等模型中，人民币汇率与越南、老挝等国汇率的收敛时间为5~10天。无论是受到跨区制转移的冲击还是向单一确定区制转移的冲击，人民币汇率和东盟七国汇率的动态收敛路径都具有较高的对称性；冲击后人民币汇率的收敛幅度小于东盟七国汇率；人民币汇率与新加坡元、马来西亚林吉特、泰铢、越南盾和老挝基普等货币的汇率都是同向收敛路径，而与印尼盾和菲律宾比索等货币的汇率都是呈同向收敛路径。

---

① 区制状态的转移方式有两种：一是在不同区制状态之间的转移（即图6-3中的Regime1→Regime2 或 Regime2→Regime1）；二是从任意其他区制状态向某一确定区制状态的转移（即图6-3中的 Move to Regime1 或 Move to Regime2），由此得出的内生变量脉冲响应有两种结果。

<<< 第六章 人民币与东盟国家汇率的风险溢出效应及其传导机理实证

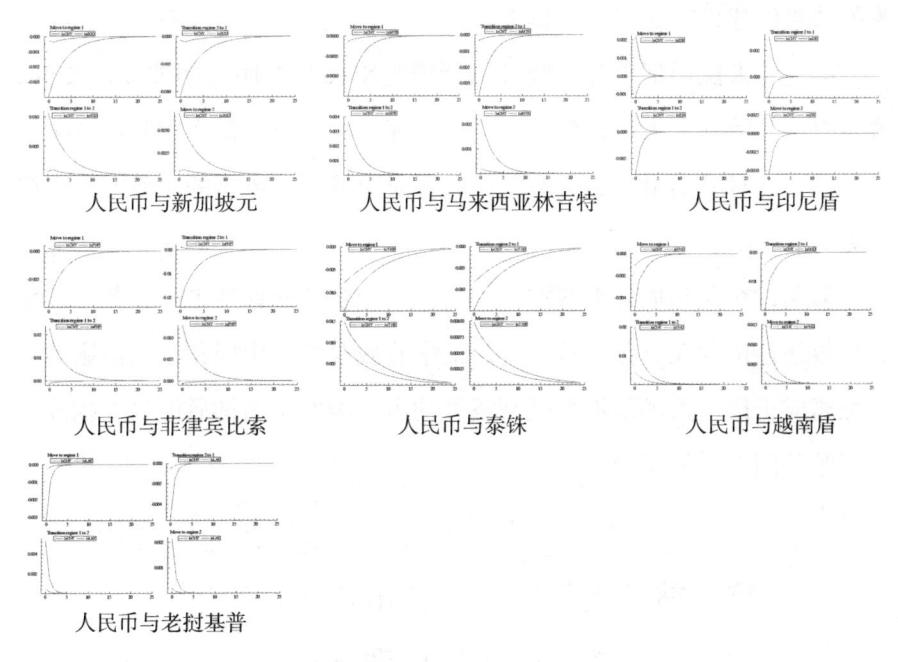

人民币与新加坡元	人民币与马来西亚林吉特	人民币与印尼盾
人民币与菲律宾比索	人民币与泰铢	人民币与越南盾
人民币与老挝基普		

图6-3 人民币与东盟国家货币汇率间的区制转移脉冲响应

四、人民币与东盟各国货币汇率间的风险溢出效应实证小结

本节采用择二元向量 MSIH（2）-VAR（1）模型验证了人民币与东盟各国货币汇率间的风险溢出效应的存在性，主要实证结论有：

第一，人民币汇率与东盟各国货币汇率之间存在显著的风险溢出效应，但这种效应具有非对称性：人民币汇率波动一般不对东盟国家的汇率产生显著影响，但更有可能受到与我国毗邻的东盟国家的汇率波动影响。

第二，人民币汇率与东盟各国货币汇率的波动风险也具有显著的区制依赖特征，这就意味着人民币与东盟国家的紧密经贸关系使得中国—东盟货币圈更易受到国际金融冲击的影响，汇率风险同时升高的概率较高。与此同时，境外汇率风险更容易传导至我国境内，对云南沿边金融改革试验区建设形成了严峻挑战。

第三,人民币汇率与东盟各国货币汇率都具有明显的波动同步性,这表明一旦境外汇市风险传导至我国,那么其导致的汇率震荡会持续一段时期,这对云南沿边金融改革试验区对跨境汇率风险的防范能力提出了更高的要求。

第四,在受到境外汇率波动冲击及区制状态转移冲击时,各国汇率的收敛路径也存在分化,且人民币汇率收敛时长与中国和东盟国家的地理距离成正比,人民币汇率受到境外冲击影响发生超调后的收敛幅度小于东盟各国货币汇率。

第四节 人民币东盟货币汇率风险溢出效应的传导机理检验

一、样本选择与数据来源

与前文实证保持一致,本节依然选取人民币(lnCNY)以及新加坡元(lnSGD)、马来西亚林吉特(lnMYR)、印尼盾(lnIDR)、菲律宾比索(lnPHP)、泰铢(lnTHB)、越南盾(lnVND)、老挝基普(lnLAK)八种汇率作为研究对象,检验区间从 2005 年 7 月 21 日至 2014 年 1 月 22 日,所有数据均取自路透交易终端。

二、人民币与东盟国家货币汇率间的风险溢出效应传导机理实证

(一) SWARCH (2, 1) -N 模型的优化

对于上文构建的二元向量 SWARCH (2, 1) 模型

$$\begin{pmatrix} r_t^{CNY} \\ r_t^{ASEAN} \end{pmatrix} = \begin{pmatrix} \alpha^{CNY} \\ \alpha^{ASEAN} \end{pmatrix} + \begin{pmatrix} \beta^{CNY} \\ \beta^{ASEAN} \end{pmatrix} \cdot \begin{pmatrix} r_t^{CNY} \\ r_t^{ASEAN} \end{pmatrix} + \begin{pmatrix} \varepsilon_t^{CNY} \\ \varepsilon_t^{ASEAN} \end{pmatrix} \qquad (6-19)$$

考虑到算法的复杂性和实际问题的需要，本书对上述模型做进一步简化，以确保估计结果的有效性，构建如下二元向量 SWARCH (2, 1) -N 模型:

$$\begin{pmatrix} r_t^{CNY} \\ r_t^{ASEAN} \end{pmatrix} = \begin{pmatrix} \alpha^{CNY} \\ \alpha^{ASEAN} \end{pmatrix} + \begin{pmatrix} \varepsilon_t^{CNY} \\ \varepsilon_t^{ASEAN} \end{pmatrix} \qquad (6-20)$$

保持模型其他条件不变，令当期残差向量 $E_t = \begin{pmatrix} \varepsilon_t^{CNY} \\ \varepsilon_t^{ASEAN} \end{pmatrix}$ 服从均值为零且具有方差协方差矩阵 H_t 的二维正态分布。

(二) 实证结果及其分析

对二元向量 SWRCH (2, 1) -N 模型进行优化后，本书在参考汉密尔顿和苏斯梅尔 (1994)、拉姆昌德和苏斯梅尔 (1998)、丁志国等 (2007) 相关程序的基础上编写了二元向量 SWARCH 模型 R 语言程序代码，并采用 BFGS 算法完成参数估计。表 6-7 列示了估计收敛后得到的各参数值。

1. 人民币及东盟货币汇率的 Markov 区制波动风险比较

均值方程的截距项系数 α^{CNY}、α^{ASEAN}，条件方差方程中的系数 a_0^{CNY}、a_1^{CNY}、a_0^{ASEAN}、a_1^{ASEAN} 及其刻度参数 γ_1^{CNY}、γ_2^{CNY}、γ_1^{ASEAN}、γ_2^{ASEAN} 大都在 1% 的置信水平上显著，这说明人民币以及各东盟货币汇率都清晰地呈现出

低、高两种波动状态。刻度变量γ_2与γ_1的倍差还能反映出各国汇率波动风险的差异：人民币汇率在高区制下的波动方差是低区制下的4000倍以上，而新加坡元、马来西亚林吉特、印尼盾、菲律宾比索、泰铢、越南盾以及老挝基普的汇率收益率在高区制下的波动方差是低区制下的482、1229、1986、375、39367、20581和13403倍。在本书的研究样本中，新加坡元、马来西亚林吉特、印尼盾、菲律宾比索是汇率波动风险偏小的货币，人民币汇率波动风险居中，泰铢、越南盾、老挝基普等大湄公河次区域国家的汇率波动风险非常大。

表6-7 人民币与东盟各国汇率的二元SWARCH（2，1）模型结果

参数	lnCNY 和 lnSGD 估计值	lnCNY 和 lnMYR 估计值	lnCNY 和 lnIDR 估计值	lnCNY 和 lnPHP 估计值	lnCNY 和 lnTHB 估计值	lnCNY 和 lnVND 估计值	lnCNY 和 lnLAK 估计值
α^{CNY}	-0.0021** (-2.2333)	-0.0009 (-1.1070)	-0.0018** (-2.3094)	-0.0006 (-0.8664)	-0.0021** (-2.2668)	-0.0018** (-1.9629)	-0.0019** (-2.5461)
α^{ASEAN}	-0.0077 (-1.5240)	-0.0019 (-0.4126)	0.0133*** (3.3078)	-0.0042 (-0.7208)	-0.0063*** (-1.4581)	0.0017*** (1.5429)	-0.0018*** (-2.1050)
a_0^{CNY}	1.2180*** (39.5330)	0.5470*** (46.5342)	0.6019*** (8.1414)	0.7284*** (15.3391)	0.6148*** (33.1729)	0.5492*** (41.6667)	0.5448*** (43.7801)
a_1^{CNY}	0.1586*** (6.3715)	0.2565*** (10.0035)	0.1898*** (6.2198)	0.3001*** (9.9387)	0.1731*** (5.8122)	0.1646*** (6.8426)	0.1491*** (6.3183)
a_0^{ASEAN}	0.5252*** (33.0432)	0.1849*** (32.8818)	0.3517*** (5.6763)	0.7057* (1.9024)	7.3158*** (36.9428)	0.2176*** (25.7252)	0.0838*** (37.3895)
a_1^{ASEAN}	-0.0017 (-0.1362)	0.0934*** (4.1122)	0.1483*** (6.2742)	0.0202 (1.0800)	0.2912*** (10.5504)	0.4989*** (13.6409)	0.2880*** (13.2599)

续表

参数	lnCNY 和 lnSGD 估计值	lnCNY 和 lnMYR 估计值	lnCNY 和 lnIDR 估计值	lnCNY 和 lnPHP 估计值	lnCNY 和 lnTHB 估计值	lnCNY 和 lnVND 估计值	lnCNY 和 lnLAK 估计值
γ_1^{CNY}	0.0006*** (11.0891)	0.0007*** (8.6964)	0.0009*** (8.1041)	0.0005*** (6.8906)	0.0012*** (9.7472)	0.0010*** (9.4528)	0.0012*** (10.3231)
γ_2^{CNY}	0.0185*** (40.9086)	0.0384*** (46.6303)	0.0361*** (10.0752)	0.0308*** (15.2165)	0.0361*** (35.9772)	0.0381*** (43.1343)	0.0393*** (44.3173)
γ_1^{ASEAN}	0.1004*** (26.6930)	0.1114*** (13.7548)	0.0697*** (7.5936)	0.0980* (1.8905)	0.0083*** (33.8733)	0.0088*** (15.0287)	0.0089*** (13.1081)
γ_2^{ASEAN}	0.4842*** (23.9626)	1.3690*** (33.4224)	1.3844*** (6.9884)	0.3674* (1.8776)	3.2675*** (7.5787)	1.8111*** (25.3581)	1.1929*** (34.3275)
ρ_1	−0.0089 (−0.2171)	0.2278*** (4.2476)	0.1997*** (3.9995)	0.2348*** (5.7151)	0.1594*** (4.3785)	−0.0573 (−1.3070)	0.0769 (1.4766)
ρ_2	0.1437** (2.1905)	0.2526*** (6.0079)	0.0434 (0.8483)	0.1600*** (2.8453)	0.1818 (0.9374)	0.0652 (0.9043)	0.0701 (1.0103)
ρ_3	0.3898*** (10.3265)	0.3618*** (7.8057)	0.2886*** (6.8566)	0.2538*** (6.4331)	0.2528*** (11.9053)	0.0262 (0.8141)	0.0787** (2.2308)
ρ_4	0.2152*** (6.0328)	0.3772*** (15.1197)	0.2256*** (5.7079)	0.1887*** (5.1383)	−0.0208 (−0.1192)	−0.0061 (−0.1195)	−0.0160 (−0.5197)
似然值	2101.0096	1778.5145	1852.9036	1837.5443	1804.3027	5366.4273	4997.1667

2. 人民币及东盟货币汇率间风险溢出的传染机理

人民币与东盟各国货币汇率之间存在着风险溢出效应，且这种风险溢出还具有特殊的门限效应。除人民币与越南盾、人民币与老挝基普所构成的两组汇率对之外，在由其他五组汇率对所构建的二元向量

SWARCH（2,2）-N 模型中，状态相关系数 ρ_1、ρ_2、ρ_3、ρ_4 大多在 1% 的置信水平上显著，这直接证明了人民币与东盟各国货币汇率之间存在明显的风险溢出效应。不仅如此，这种风险溢出还具有特殊的门限效应，这可从状态相关系数的符号及其估计值看出。ρ_1、ρ_2 表示人民币汇率处于低波动区制时与某一东盟货币汇率间的状态相关度，而 ρ_3、ρ_4 表示人民币汇率处于高波动区制时与该东盟货币汇率间的状态相关度。表 6-7 中的检验结果显示：

（1）人民币汇率与新加坡元、马来西亚林吉特、印尼盾、菲律宾比索、泰铢等主要东盟国货币汇率的波动风险呈正相关关系，也就是说在任何波动区制下，中国与东盟伙伴国家的汇率风险具有较强的共变性。

（2）一般而言，人民币汇率处于高波动区制状态时与上述五个东盟国的汇率风险正相关性强于低波动区制状态下的汇率风险相关性。因此，当受到国际市场冲击时，汇率风险会在人民币和东盟外汇市场上形成正向传染机制，而由于人民币在该区域的金融主导性，人民币汇率的高波动风险将会对东盟各国货币形成更强的同向传染性（科拉韦基奥和冯克，2008）。与丁志国等（2007）发现的股市逆向风险溢出门限效应（$\rho=0$ 为门限值）不同，本书所揭示的汇率风险溢出门限效应大致以 $\rho=0.2$ 为门限值，人民币与东盟各国货币汇率风险溢出强度截然不同，这可归纳为：

$$\rho_{s_t} = \begin{cases} \rho_1、\rho_2 < 0.2, & s_t^{CNY}=1 \text{（即人民币汇率处于低风险积聚状态）} \\ \rho_3、\rho_4 > 0.2, & s_t^{CNY}=2 \text{（即人民币汇率处于高风险积聚状态）} \end{cases}$$

（3）人民币与东盟各国货币的汇率风险传染机理也存在差异。通过比较六组模型中的 ρ_1、ρ_2、ρ_3、ρ_4 系数值可发现，人民币汇率与新加坡元、马来西亚林吉特、印尼盾、菲律宾比索和泰铢等汇率间具有双侧风险传染性,无论人民币汇率处于何种风险积聚状态下,这种跨货币风险传染性都会显现出来;人民币汇率与越南盾汇率、人民币汇率与老挝基普汇率间的跨货币风险传染性较弱。总的来说,上述二元SWARCH模型估计结果应当视为中国与东盟地区的高度区域金融一体化的体现,且在该区域中人民币的市场主导地位较为突出。

3. 人民币与东盟货币汇率联合波动风险的Markov区制转移特征

从表6-8所显示的区制转移概率矩阵来看,人民币与东盟各国货币汇率在前后两期保持在同一波动区制状态下的概率较高。除人民币汇率与新加坡元汇率对之外,人民币汇率与马来西亚林吉特、印尼盾、菲律宾比索、泰铢、越南盾以及老挝基普等东盟国家货币汇率从区制状态1向区制状态1的转移概率分别为40.53%、63%、38.69%、87.74%、78.87%、60.25%,因而上述汇率对在前后两期同处于低波动区制状态的概率显著较高。就从区制状态4向区制状态4转移的概率而言,人民币与新加坡元、马来西亚林吉特、印尼盾及菲律宾比索四组汇率对的转移概率较高但不显著,而人民币与泰铢、越南盾及老挝基普三组汇率对的转移概率几乎为零,且不显著,这意味着人民币与东盟国家货币汇率持续处于双高波动区制状态的可能性较低。此外,即便对于估计结果呈显著的其他区制转移概率,从区制状态2向区制状态2转移[1]、从区制状态1向区制状态2转移[2]、从区制状态3或4向区制状态1转移[3]的概率较高,即人民币持续处于低波动区制状态或者从前期高波动区制状

---

[1] 该结果显著的汇率对包括人民币与新加坡元、人民币与马来西亚林吉特、人民币与印尼盾、人民币与菲律宾比索、人民币与泰铢。

[2] 该结果显著的汇率对包括人民币与老挝基普。

[3] 该结果显著的汇率对包括人民币与新加坡元、人民币与印尼盾、人民币与越南盾。

态向后期低波动区制状态转移的可能性较大,而东盟各国货币汇率维持高波动状态的可能性较大。故可以认为,人民币与东盟国家货币汇率具有从风险积聚状态向低风险积聚状态回归的内在动力,其中人民币发挥了重要的稳定作用。

表 6-8 人民币与东盟各国汇率收益率的区制转移概率矩阵

		区制 1	区制 2	区制 3	区制 4
lnCNY 和 lnSGD	区制 1	0.8572	0.0131	0.1296	0.0000
	区制 2	0.0253***	0.7913***	0.0000	0.1834
	区制 3	0.1354***	0.0000	0.8183***	0.0463
	区制 4	0.0000	0.0918***	0.0592***	0.8490
lnCNY 和 lnMYR	区制 1	0.4053***	0.0087*	0.4945***	0.0915
	区制 2	0.0079***	0.9025***	0.0000*	0.0896
	区制 3	0.8595	0.0286	0.1118	0.0000
	区制 4	0.0449***	0.0373***	0.0061**	0.9117
lnCNY 和 lnIDR	区制 1	0.6300***	0.0641**	0.1650	0.1410
	区制 2	0.0999*	0.8664***	0.0000	0.0337
	区制 3	0.1394***	0.0000	0.8173***	0.0433
	区制 4	0.2000***	0.0002	0.0464**	0.7535
lnCNY 和 lnPHP	区制 1	0.3869***	0.0000	0.5822***	0.0309
	区制 2	0.0000***	0.9475***	0.0078	0.0447
	区制 3	0.7796	0.0000***	0.2204	0.0000
	区制 4	0.0355***	0.0325***	0.0000	0.9320
lnCNY 和 lnTHB	区制 1	0.8774***	0.0000	0.1168***	0.0058
	区制 2	0.0000***	0.5820*	0.1930	0.2250
	区制 3	0.0930***	0.0151	0.8696***	0.0222
	区制 4	0.0568	0.0000	0.9432	0.0000

续表

		区制 1	区制 2	区制 3	区制 4
lnCNY 和 lnVND	区制 1	0.7887***	0.0000***	0.1289*	0.0825
	区制 2	0.1147	0.8853	0.0000***	0.0000
	区制 3	0.0958	0.0000***	0.7875***	0.1167
	区制 4	0.2748**	0.0408	0.6342***	0.0503
lnCNY 和 lnLAK	区制 1	0.6025***	0.2421***	0.0677	0.0877
	区制 2	0.8562***	0.0667	0.0130	0.0640
	区制 3	0.0558***	0.0347***	0.5755***	0.3340
	区制 4	0.0573***	0.0429*	0.7428***	0.1570

4. 人民币与东盟货币汇率联合波动风险的 Markov 区制状态划分

图 6-4 显示了人民币与东盟各国汇率在四种波动区制状态下的平滑概率曲线。同样可以发现，人民币汇率与东盟国家的货币汇率风险积聚状态具有较为显著的同步关联性，区制状态 1 和区制状态 4 出现的频率较高，即较多地处于"低、低"或"高、高"的联合风险积聚状态，这与前文的二元 SWARCH（2，1）-N 模型估计结果中区制相关系数为正的结果相一致。值得注意的是，在 2008 年次贷危机期间，各国汇率均处于"高、高"的联合波动区制状态下，表明人民币和东盟各国货币汇率的波动对国际冲击因素较为敏感。造成这一结果的主要原因可能在于：一方面，包括中国在内的东南亚新兴经济体汇率均在不同程度上盯住美元，这是美元汇率风险向该地区跨境传染的制度前提；另一方面，作为新兴经济体的各国金融脆弱性偏高，对国际金融风险传染的抵御能力不足，由国际冲击引致的汇率风险容易形成区域性跨境传染，导致各国汇率风险普遍升高。

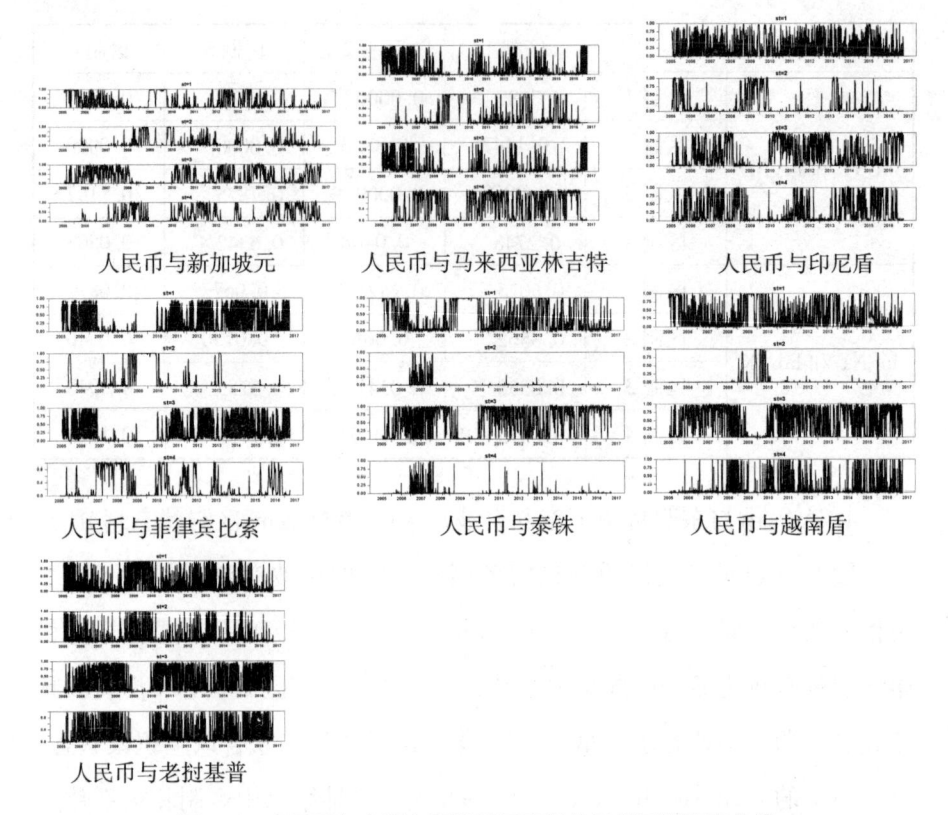

人民币与新加坡元　　　人民币与马来西亚林吉特　　　人民币与印尼盾

人民币与菲律宾比索　　　人民币与泰铢　　　人民币与越南盾

人民币与老挝基普

图6-4　人民币与东盟七国货币汇率间的区制平滑概率曲线

三、本章实证小结

本节构建了二元SWARCH（2,1）-N模型，进一步考察了人民币与东盟各国货币汇率风险溢出效应的传导机理，得出了以下几点主要结论：

第一，人民币及东盟各国货币汇率风险也具有显著的区制依赖性，其中人民币汇率波动风险居中，新加坡等南亚国家汇率波动风险较小，而湄公河次区域的泰国等国家汇率波动风险非常大。

第二，人民币与东盟各国货币汇率之间存在着风险溢出效应，且境内外双边汇率风险较强的共变性，这会增强该区域内汇率波动风险的同向传染性，且这种风险溢出还具有门限效应。尽管人民币与东盟各国货币的汇率风险传染机理不尽相同，但我国与主要东盟国家的双边汇率间仍具有双侧风险传染性。

第三，状态相关系数、区制转移概率矩阵和区制平滑概率曲线的拟合结果都一致表明，人民币与东盟各国货币汇率的风险积聚状态具有正相关性，且境内外双边汇率的联合波动状态较为稳定，常处于"低、低"或"高、高"的同向波动区制下，且人民币与东盟国家货币汇率具有从风险积聚状态向低风险积聚状态回归的内在动力，可以认为人民币在其中发挥了重要的稳定作用。尽管如此，人民币和东盟各国货币汇率的波动对国际冲击因素的影响仍较为敏感，外部冲击更易在东南亚地区形成区域性跨境传染。

第七章

全书结论及政策建议

第一节 全书研究结论

本书以中国—东盟区域金融一体化和人民币国际化为背景，对人民币与东盟货币汇率间的跨货币风险溢出效应及其风险跨境传染机理进行了研究，全书得到的主要结论包括：

第一，人民币及东盟货币汇率的波动风险特征。各国汇率时序都表现出明显的尖峰、厚尾，且对数收益率时序都存在显著的 ARCH 效应，不仅如此，各国汇率时序以及对数收益率时序都具有结构突变性。本书运用 BP 多结构断点模型进行检验后发现，人民币及东盟货币汇率的多重结构断点大多发生在 2008 年次贷危机期间，尤其是 2005 年以来历次重大的人民币汇率制度改革也会导致人民币汇率时序发生结构突变，这表明，人民币及东盟货币汇率在受到国际国内金融冲击时都会出现结构突变，各国汇率数据的生成具有非线性特征。

第二，人民币及东盟货币汇率的 Markov 区制转移风险特征。采用单变量 MSAH（2）-AR（1）模型和单变量 SWARCH（2，2）模型的实证检验认为，人民币汇率以及东盟货币汇率都可以划分为低波动和高波动两种区制风险状态，故各国汇率都具有明显的 Markov 区制转移特征。此外，各国汇率的 Markov 区制风险特征还表现出了国别差异。一般来说，本币汇率波动风险与本国经济金融发达水平呈负相关关系。以新加坡为首的南亚地区经济体汇率稳定性较高，大湄公河次区域的泰国、越南和老挝等国汇率波动风险较高，而人民币汇率波动风险居中。同时，汇率波动风险的高低决定了各国汇率在高低两种波动区制之间的转换频率。汇率波动风险越高的国家，其汇率在两种波动区制间的转换频率也就越高。

第三，人民币与东盟货币汇率间的风险溢出效应。基于多国跨货币风险溢出效应理论模型，本书运用二元向量 MSIH（2）-VAR（1）模型展开实证分析，证实了人民币汇率与东盟各国汇率间确实存在着非对称风险溢出效应，表现为尽管人民币与东盟货币汇率的波动具有正向关联性，但人民币更易受到东盟货币汇率波动冲击影响，在给定外生冲击的影响下，人民币汇率向均衡水平的收敛更快。

第四，人民币与东盟货币汇率间的跨境风险传染机理。本书构建了二元向量 SWARCH（2，1）模型，检验了我国与东盟各国的汇率风险跨境传染机理，结果发现，泰铢、越南盾和老挝基普等大湄公河次区域的东盟国家汇率具有较高的汇率波动风险。尽管东盟各国汇率与人民币汇率间的风险溢出具有一定程度的门限效应，但境内外双边汇率间也存在着显著的正向风险积聚关联性，且各国汇率对国际冲击因素较为敏感，这意味着外部冲击较易导致东南亚各国汇率波动高风险，而境外汇率高波动风险也很容易传导至我国境内，危及人民币汇率稳定。

第二节 政策建议

本书得出的一系列结论不仅对云南沿边金融综合改革试验区的建设具有重要政策意义，对于本地区的企业、个人等市场经济主体也能够提供有益的投资启示。对当地金融监管部门而言，要遵循"外防""内固"和"内外合作"的基本原则，在继续加强人民币与东盟货币汇率联动性的同时，注意防范境外汇率波动风险跨境传染，维护西南沿边金融安全稳定大局，还应当继续利用西南边境独特的地理区位优势，为人民币在东盟地区的深度国际化创造有利的市场条件。对于广大市场经济主体而言，则应本着"灵活化""分散化""动态化"的原则，充分运用外汇金融衍生工具，提高汇率风险管理水平，主动防范境内外汇率波动风险，最大限度降低投资损失。

一、防范东盟国家汇率风险跨境输入

中国与东盟国家存在的风险溢出效应有利有弊。一方面，风险溢出效应的存在是人民币与东盟国家货币汇率联动性增强的体现，另一方面也表明人民币在东亚的影响力不断加强，因而在促进国家间经贸合作的同时也应该不断加强金融风险的防范。若东盟国家尤其是我国云南边境邻国的汇率出现大幅波动，则极易波及金融改革试验区，危机国内金融稳定机，因此做好相关的风险防范尤为重要。

（一）建立汇率监测与预警机制

云南沿边金融综合改革试验区也肩负着建成面向南亚东南亚辐射中

心的历史使命，其中金融市场的稳定有着基础性的决定作用。但是，云南所辖的金融综合改革试验区地处边境线，外汇监管基础设施发展落后，依托于国家外汇管理局国际收支统计监测系统和RCPMIS系统进行跨境资金对跨境资金流动的监管尚存在统计数据失真、信息采集有盲点等问题，不利于当地外汇管理局及时掌握来自东盟国家的异常资金流动状况，故应当采取措施应对跨境资金大规模流动给金融改革试验区金融稳定可能带来的巨大冲击。在当前日益复杂和频繁的跨境人民币资金流动形势下，外汇监管的难度越来越大，这就需要当地外汇管理局进一步完善跨境资金流动统计监测系统，从以下几方面制定相关措施：

第一，提高国际金融业务人士对新版国际收支监测系统和RCPMIS系统的操作技能，以提高金融机构对国际收支统计数据的记录准确性和实效性，加强人民银行、外汇管理局等地方金融监管机构对跨境资金流动的监测和统计分析能力。

第二，人民银行和外汇管理局在云南的分支机构应当利用毗邻西南边境的地理区位优势，尽快建立金融跨境资金流动大数据库，开发基于大数据技术的跨境资金监测系统，同时力争与具备良好金融基础设施条件的东盟国家（或地区）合作开发金融机构境外资金监测系统，加强对金融改革试验区所辖中资金融机构的资产负债表表内外外汇资金清算规模及其流向的实时监测。此外，还应当构建和优化大数据外汇风险预警模型，提高当地金融监管部门境外汇率风险的研判准确度，制定措施阻断境外风险输入的渠道。

第三，鉴于沿边金融综合改革试验区对云南周边跨境直接投资活动的逐步放松，国际收支资本与金融项下的跨境资金流动日益活跃，这就需要当地金融监管部门加快开发适用于非贸易项下跨境资金流动的监测系统。

(二) 加强与东盟各国政府的外汇监管合作

由于人民币与东盟货币汇率间存在着双侧风险溢出效应，所以除完善云南金融监管部门风险预警机制之外，也应当适度增强与周边东盟国家的金融监管合作官方平台。建议由云南省政府牵头，人民银行昆明中心支行及外汇管理局、云南省海关等主管部门推动境内外金融机构展开监管合作，打通人民币与东盟货币外汇市场信息的沟通渠道，建立人民币和东盟货币结算统计信息共享机制。此外，继续完善云南与东盟国家双边乃至多边金融监管部门的协商沟通机制，加强跨境金融监管协作和信息共享，共同为防范区域性金融风险扩散传染做出努力。

(三) 完善对国际冲击的应对措施

本书已经证实，人民币与东盟货币汇率的波动风险状况仍会受到国际冲击的影响，这些外部冲击因素既有金融事件，也包括政治事件。近年来较为典型的事件是2008年次贷危机和2018年以来的中美贸易争端，这些外部冲击往往造成人民币和东盟货币汇率波动风险同向增加，也在一定程度上使得某一东盟国家的汇率风险在本区域内传染扩散，更影响了人民币汇率的稳定性，对人民币国际化形成威胁。因此，西南沿边融合金融改革试验区当地政府和人民银行应当加强对国际金融和政治事件冲击的应对措施，更多地关注来自欧美等金融强国对于我国或东盟各国的金融政策及政治动向，并通过加强与相关国家的官方沟通来适度降解上述因素对于人民币汇率的负面影响，稳定市场预期，为继续提高人民币在东盟地区的国际影响力，促进人民币在该地区的深度国际化创造有利的政治氛围。

二、加快云南沿边金融综合改革试验区内的人民币外汇市场建设

在我国和东盟地区去美元化已经成为趋势，这为人民币进一步提高

在该区域的货币凝聚力、发挥地区货币锚作用创造了契机，故人民币应当夯实自身实力，促进金融改革试验区外汇市场的稳定发展。

(一) 增强金融改革试验区外汇市场功能

相关金融主管部门应当采取稳定市场预期的措施，平衡资本流动和外汇市场供求关系，促进国际收支平衡，控制金融风险，以此巩固人民币汇率定价权，提升人民币币值的含金量。

(二) 继续巩固人民币区域性交易中心地位

云南沿边金融综合改革试验区应当加快区域性货币交易中心的创设，进一步完善人民币与新加坡元、泰铢、越南盾等东盟货币的直接报价机制，利用与国内权威的金融衍生品交易机构的良好合作关系协作开发新型人民币金融衍生产品，并适时向本地和东盟市场推出汇率避险工具，扩大人民币在对外贸易、直接投资、跨境融资中的使用。

(三) 加快人民币汇率形成机制改革

根据三元悖论，央行货币政策独立性、资本自由流动性和本币汇率稳定性等三者之间存在矛盾，不可同时兼得。鉴于我国近年来推出的人民币汇率制度改革方向是逐步扩大人民币汇率浮动区间，增强人民币汇率弹性，同时在推进人民币国际化战略进程中强调审慎、稳步地放开资本流动限制，这些政策增强了央行货币政策独立性，但同时也对央行在资本跨境流动和人民币汇率稳定性之间的权衡提出了挑战。因此，继续深化人民币汇率形成机制改革将有利于增强人民币汇率稳定性，降低人民币汇率波动风险，扩大人民币汇率浮动幅度限制，加快人民币汇率市场化进程，这有助于增强东盟国家市场经济主体对人民币币值稳定的信心，为人民币在该地区的深度国际化创造良好的预期氛围。

三、加强人民币与东盟货币联动性

（一）继续增强人民币与东盟货币汇率间的联动关系

对于与人民币汇率风险积聚关联性较强的东盟国家，应该在原有的基础上再次加强。由于影响汇率联动效应的主要因素为国际贸易和国际直接投资，因此相应国家或地区应该更加注重这两个方面，提高金融改革试验区与各东盟国之间的经贸联系，同时提升人民币在南亚东南亚新兴经济体中的国际地位。自人民币加入特别提款权（SDR）后，在国际支付中便不断选用人民币作为结算货币，而国家之间的贸易、投资合作可以进一步推进人民币的跨境结算，促使人民币在东盟地区的区域化，甚至推向人民币国际化，提升人民币的影响力。

（二）重点加强我国与东南亚新兴经济体间的汇率联动性

对于汇率风险溢出效应相对较弱的东盟国家，主要加大相应的国际贸易和国际直接投资力度，促进货币之间的联动性，同时也从金融政策、金融发展水平等方面协助国际贸易和投资。此外，对于中国—东盟地区来说，美元等国际主要货币的影响根深蒂固，而人民币崛起的时间较短，其在该地区的影响力还远不能与美元抗衡，这也是人民币与东盟国家新汇率风险溢出效应易受到国际主要货币冲击的原因之一。因此，金融改革试验区应在现有经济水平上保持高质量发展，不断提升综合实力，扩大区域凝聚力和影响力，提高人民币作为结算货币的地位，逐渐减弱国际主要货币负面冲击。

四、审慎推进人民币在东盟地区的国际化进程

（一）进一步加强国内经济发展稳定性

虽然目前我国经济发展迅速，已成为全球第二大经济体，但仍要保

持高质量发展，这样做不仅稳步提升国内经济发展水平，同时也可增强在东盟新兴经济体中的影响力。另外，在经济高质量发展的同时还应该注重产业结构的优化。虽然在供给侧结构性改革的背景下，产业发展更多地趋向高端化、品牌化、与信息技术融合化、平台化以及绿色化等方向，但是仍存在一些较为薄弱的地方，例如自主创新的能力仍较为薄弱，创新型人才较为稀缺，同时还面临着国际中的其他挑战，因此应该不断促进产业结构的升级和优化，促进国内经济稳步发展，提升综合实力，进而增强人民币在东亚及世界中的影响力[①]。

只有金融改革试验区经济实力得到增强时，才能加大面向东盟地区的国际贸易和国际投资，加快人民币成为国际主要结算货币，提升人民币在东亚中的影响力，促进汇率联动效应的发展。

(二) 扩大人民币在中国—东盟地区的流通范围

进一步增强人民币在中国—东盟地区的流通范围是推进人民币国际化的有效举措，对于金融改革试验区当地政府而言，可以着力推动的措施包括：

第一，提高跨境人民币结算业务吸引力。人民币银行昆明中心支行、云南省银监局、省金融办等主管部门应当联合制定促进云南沿边金融综合改革试验区所辖企业参与跨境人民币结算的优惠政策，通过宣传引导提高本土企业对此项业务的熟悉度，对周边东盟国家的企业也可通过互访交流等方式增进对境外企业的了解。

第二，优化东盟国家企业的人民币适用环境。建立云南与东盟各国的正规人民币结算体系，适度放松资本与金融项下人民币跨境结算限制，稳步提高人民币可自由兑换行，为境外企业创造合法的人民币资金

---

① 资料来源于《每日经济新闻》，2019年4月22日23点49分。

143

流通渠道。

第三，增加东盟国家的人民币供给，创设人民币资金回流渠道。通过调整贸易项下人民币出入境管理政策，逐步放松各类投资主体对人民币出入境额度的限制，同时创新人民币衍生产品，提高人民币可自由兑换行，提高人民币跨境结算的资金效率，提升东盟国家对人民币的可接受度。

上述举措将有利于扩大人民币在东盟国家中的市场影响力，并通过市场力量引导推动我国和东盟国家的市场经济主体逐步摆脱对美元的依赖，这在一定程度上能够削弱美元冲击对人民币汇率和东盟货币汇率的不利影响，更有利于人民币发挥在东盟地区的货币锚职能。

五、提高市场经济主体的汇率风险管理水平

（一）运用金融衍生工具防范远期汇率波动风险

本书发现，人民币汇率和东盟货币汇率的当期水平都会受到自身滞后波动风险的影响，当前汇率波动也会对其未来汇率产生影响，而且各国汇率在受到外部冲击后都会发生"超调"现象，此后需要一段时间向均衡值收敛，所以，市场经济主体应当高度注意防范人民币远期汇率波动风险。市场经济主体应当根据当前国内外经济发展的状况研判我国和东盟国家未来经济发展趋势，判断相应货币的汇率变化走向，进而根据远期外汇合约等工具方法，践行汇率风险防范举措。相应的避险工具可以通过远期外汇合约、利用衍生金融工具进行套期保值、提前或延期结汇等方法进行。市场经济主体应当提高对金融衍生工具的实际运用能力，借助银行等专业金融机构来实现对汇率风险的规避。

（二）建立动态化的分散投资组合策略

市场经济主体也可以利用分散化投资组合策略来优化投资方案，这

是化解单一汇率波动风险的有效方法。但是，随着我国和东盟各国外汇市场开放度和一体化程度不断提高，汇率风险的传导渠道更为多元化、传导路径也更加复杂化，因此市场投资主体在运用投资组合策略时也应盯住国际国内金融形势变化，适时调整投资组合策略，尽可能降低投资风险。

参考文献

[1] 陈悦. 引文空间分析原理与应用：CITESPACE 实用指南 [M]. 北京：科学出版社，2014.

[2] 冯芸，李小平，吴冲锋. 汇率期限结构理论及实证研究 [M]. 上海：上海交通大学出版社，2012.

[3] 严敏. 境内外人民币即远期市场间联动与定价权归属 [D]. 合肥：中国科学技术大学，2010.

[4] 陈昊，陈平，杨海生，等. 离岸与在岸人民币利率定价权的实证分析——基于溢出指数及其动态路径研究 [J]. 国际金融研究，2016（06）：86-96.

[5] 陈蓉，郑振龙. 结构突变、推定预期与风险溢酬——美元/人民币远期汇率定价偏差的信息含量 [J]. 世界经济，2009（06）：64-76.

[6] 戴国强，李良松. 人民币外汇市场弱式有效性的鞅差分检验 [J]. 国际金融研究，2008（03）：36-42.

[7] 丁志国，苏治，杜晓宇. 溢出效应与门限特征——金融开放条件下国际证券市场风险对中国市场冲击机理 [J]. 管理世界，2007（01）：41-47.

[8] 郭灿. 金融市场一体化程度的衡量方法及评价 [J]. 国际金融

研究，2004（06）：28-33.

[9] 胡秋灵，马丽.我国股票市场和债券市场波动溢出效应分析[J].金融研究，2011（10）：198-206.

[10] 胡小洋，李小涛，余厚强，等."信息可视化"主题下的多学科知识结构探究——基于2004—2013年WoS数据库的文献计量和内容分析[J].图书馆学研究，2015（05）：88-95.

[11] 黄学军，吴冲锋.离岸人民币非交割远期与境内即期汇率价格的互动——改革前后[J].金融研究，2006（11）：83-89.

[12] 姜波克.外汇市场的有效性理论述评[J].浙江社会科学，2001（06）：25-31.

[13] 姜波克，伍戈，唐建伟.外汇市场的微观结构理论综述[J].国际金融研究，2002（07）：19-24.

[14] 李成，马文涛，王彬.我国金融市场间溢出效应研究——基于四元VAR-GARCH（1，1）-BEKK模型的分析[J].数量经济技术经济研究，2010，27（06）：3-19.

[15] 李成，王彬，黎克俊.次贷危机前后中美利率联动机制的实证研究[J].国际金融研究，2010（09）：4-11.

[16] 刘金全，王大勇.经济增长的阶段性假说和波动性溢出效应检验[J].财经研究，2003（05）：3-7.

[17] 刘金全，谢卫东.中国经济增长与通货膨胀的动态相关性[J].世界经济，2003（06）：48-57.

[18] 刘金全，张鹤.经济增长风险的冲击传导和经济周期波动的"溢出效应"[J].经济研究，2003（10）：32-39+91.

[19] 唐洁尘，李容.人民币区域化视角下人民币与东亚货币联动性研究[J].世界经济研究，2018（07）：38-55+135-136.

[20] 王喜军, 林桂军. 波动率区制依赖性特征——中国官方外汇市场和外汇黑市的结构分析 (1981—2006) [J]. 金融研究, 2008 (11): 76-86.

[21] 王中昭, 杨文. 人民币汇率对东盟各国汇率传染及其时变相关有效性研究 [J]. 国际金融研究, 2014 (11): 56-66.

[22] 魏巍贤, 林伯强. 国内外石油价格波动性及其互动关系 [J]. 经济研究, 2007 (12): 130-141.

[23] 徐晟, 韩建飞, 曾李慧. 境内外人民币远期市场联动关系与波动溢出效应研究——基于交易品种、政策区间的多维演进分析 [J]. 国际金融研究, 2013 (08): 42-52.

[24] 严敏, 巴曙松. 境内外人民币远期市场间联动与定价权归属：实证检验与政策启示 [J]. 经济科学, 2010 (01): 72-84.

[25] 杨娇辉, 王曦. 市场分割下东北亚货币的跨货币溢出效应与汇率预测 [J]. 国际金融研究, 2013 (05): 32-48.

[26] 张金清, 刘庆富. 中国金属期货市场与现货市场之间的波动性关系研究 [J]. 金融研究, 2006 (07): 102-112.

[27] 张瑞锋. 金融市场协同波动溢出分析及实证研究 [J]. 数量经济技术经济研究, 2006 (10): 141-149.

[28] 张瑞锋, 张世英, 唐勇. 金融市场波动溢出分析及实证研究 [J]. 中国管理科学, 2006 (05): 14-22.

[29] 张施杭胤. 人民币与东亚各经济体货币相关性研究 [J]. 新金融, 2013 (04): 18-23.

[30] 张自然, 丁日佳. 人民币外汇市场间不对称汇率变动的实证研究 [J]. 国际金融研究, 2012 (02): 85-95.

[31] 周先平, 李标. 境内外人民币即期汇率的联动关系——基于

VAR-MVGARCH 的实证分析 [J]. 国际金融研究, 2013 (05): 4-14.

[32] Aboura S., Chevallier J. Cross-Market Spillovers with "Volatility Surprise" [J]. Review of Financial Economics, 2014, 23 (4): 194-207.

[33] ALOUI R, AISSA M S B, Nguyen D K. Global Financial Crisis, Extreme Interdependences, and ContagionEffects: The Role of Economic Structure? [J]. Journal of Banking and Finance, 2011, 35 (1): 130-141.

[34] ANDERSEN T G, BOLLERSLEV T. Deutsche Mark - Dollar Volatility: Intraday Activity Patterns, Macroeconomic Announcements, and Longer Run Dependencies [J]. Journal of Finance, 1998, 53 (1): 219-265.

[35] ANDERSEN T G, BOLLERSLEV T, DIEBOLD F X. Roughing It Up: Including Jump Components in the Measurement, Modeling, and Forecasting of Return Volatility [J]. The Review of Economics and Statistics, 2007, 89 (4): 701-720.

[36] ANDERSEN T G, BOLLERSLEV T, DIEBOLD F X, et al. Modeling and Forecasting Realized Volatility [J]. Econometrica, 2003, 71 (2): 579-625.

[37] ANDERSEN T G, BOLLERSLEV T, DIEBOLD F X, et al. Real-Time Price Discovery in Global Stock, Bond and Foreign Exchange Markets [J]. Journal of International Economics, 2007, 73 (2): 251-277.

[38] AROURI M E H, JOUINI J, NGUYEN D K. On the Impacts of Oil Price Fluctuations on European Equity Markets: Volatility Spillover and Hedging Effectiveness [J]. Energy Economics, 2012, 34 (2): 611-617.

[39] ATILGAN Y, DEMIRTAS K O, SIMSEK K D. Studies of Equity Returns in Emerging Markets: A Literature Review [J]. Emerging Markets

Finance and Trade, 2015, 51 (4): 757-773.

[40] AWARTANI B, MAGHYEREH A I. Dynamic Spillovers Between Oil and Stock Markets in the Gulf Cooperation Council Countries [J]. Energy Economics, 2013, 36: 28-42.

[41] BAE K, KAROLYI G A, STULZ R M. A New Approach to Measuring Financial Contagion [J]. Review of Financial Studies, 2003, 16 (3): 717-763.

[42] BAELE L. Volatility Spillover Effects in European Equity Markets [J]. Journal of Financial and Quantitative Analysis, 2005, 40 (2): 373-401.

[43] BAI J, PERRON P. Estimating and Testing Linear Models with Multiple Structural Changes [J]. Econometrica, 1998, 66 (1): 47-78.

[44] BAI J, PERRON P. Computation and Analysis of Multiple Structural-Change Models [J]. Journal of Applied Econometrics, 2003, 18 (1): 1-22.

[45] BAILLIE R T, BOLLERSLEV T, REDFEARN M. Bear Squeezes, Volatility Spillovers and Speculative Attacks in the Hyperinflation 1920s Foreign Exchange [J]. Journal of International Money and Finance, 1993, 12 (5): 511-521.

[46] BOLLEN N P B, GRAY S, WHALEY R E. Regime Switching in Foreign Exchange Rates: Evidence From Currency Option Prices [J]. Journal of Econometrics, 2000, 94 (1): 239-276.

[47] BOLLERSLEV T. Modelling the Coherence in Short-run Nominal Exchange Rates: A Multivariate Generalized ARCH Model [J]. The Review of Economics and Statistics, 1990, 72 (3): 498-505.

[48] CAMPA J M, CHANG P H K. Testing the Expectations Hypothesis on the Term Structure of Volatilities in Foreign Exchange Options [J]. The Journal of Finance, 1995, 50 (2): 529-547.

[49] CANARELLA G, POLLARD S K. A Switching ARCH (SWARCH) Model of Stock Market Volatility: Some Evidence from Latin America [J]. International Review of Economics, 2007, 54 (4): 445-462.

[50] CAPORALE G M, PITTIS N, SPAGNOLO N. Testing for Causality-in-Variance: An Application to the East Asian Markets [J]. International Journal of Finance and Economics, 2002, 7 (3): 235-245.

[51] CAPPIELLO L, ENGLE R F, SHEPPARD K. Asymmetric Dynamics in the Correlations of Global Equity and Bond Returns [J]. Journal of Financial Econometrics, 2006, 4 (4): 537-572.

[52] CAPPIELLO L, GERARD B, KADAREJA A, et al. Measuring Comovements by Regression Quantiles [J]. Journal of Financial Econometrics, 2014, 12 (4): 645-678.

[53] CASARIN R, SARTORE D, TRONZANO M. A Bayesian Markov-Switching Correlation Model for Contagion Analysis on Exchange Rate Markets [J]. Journal of Business and Economic Statistics, 2018, 36 (1): 101-114.

[54] CHANCHAROENCHAI K, DIBOOGLU S. Volatility Spillovers and Contagion During the Asian Crisis: Evidence from Six Southeast Asian Stock Markets [J]. Emerging Markets Finance and Trade, 2006, 42 (2): 4-17.

[55] CHEN C. Science Mapping: A Systematic Review of the Literature [J]. Journal of Data and Information Science, 2017, 2 (2): 1-40.

[56] COLAVECCHIO R, FUNKE M. Volatility Transmissions Between Renminbi and Asia-Pacific On-shore and Off-shore U. S. Dollar Futures [J]. China Economic Review, 2008, 19 (4): 635-648.

[57] CRETI A, JOETS M, MIGNON V. On the Links Between Stock and Commodity Markets' Volatility [J]. Energy Economics, 2013, 37: 16-28.

[58] DIEBOLD F X, PAULY P. Has the EMS Reduced Member-Country Exchange Rate Volatility? [J]. Empirical Economics, 1988, 13 (2): 81-102.

[59] DIEBOLD F X, YILMAZ K. Measuring Financial Asset Return and Volatility Spillovers, with Application to Global Equity Markets [J]. The Economic Journal, 2008, 119 (534): 158-171.

[60] DIEBOLD F X, YILMAZ K. Better to Give than to Receive: Predictive Directional Measurement of Volatility Spillovers [J]. International Journal of Forecasting, 2012, 28 (1): 57-66.

[61] DOOLEYy M P, HUTCHISON M M. Transmission of the U. S. Subprime Crisis to Emerging Markets: Evidence on the Decoupling-Recoupling Hypothesis [J]. Journal of International Money and Finance, 2009, 28 (8): 1331-1349.

[62] DU X, YU C L, HAYES D J. Speculation and Volatility Spillover in the Crude Oil and Agricultural Commodity Markets: A Bayesian Analysis [J]. Energy Economics, 2011, 33 (3): 497-503.

[63] EDWARDS S, SUSMEL R. Volatility Dependence and Contagion in Emerging Equity Markets [J]. Journal of Development Economics, 2001, 66 (2): 505-532.

[64] ENGLE R F. Autoregressive Conditional Heteroscedasticity with Estimates of the Variance of United Kingdom Inflation [J]. Econometrica, 1982, 50 (4): 987-1007.

[65] ENGLE R F, ITO T, LIN W. Meteor Showers or Heat Waves? Heteroskedastic Intra-daily Volatility in the Foreign Exchange Market [J]. Econometrica, 1990, 58 (3): 525-542.

[66] FAMA E F. The Behavior of Stock-Market Prices [J]. The Journal of Business, 1965, 38 (1): 34.

[67] FORBES K J, RIGOBON R. No Contagion, Only Interdependence: Measuring Stock Market Comovements [J]. Journal of Finance, 2002, 57 (5): 2223-2261.

[68] GALLO G M, OTRANTO E. Volatility Spillovers, Interdependence and Comovements: A Markov Switching Approach [J]. Computational Statistics and Data Analysis, 2008, 52 (6): 3011-3026.

[69] HAFNER C M, HERWARTZ H. A Lagrange Multiplier Test for Causality in Variance [J]. Economics Letters, 2006, 93 (1): 137-141.

[70] HAMAO Y, MASULIS R W, NG V. Correlations in Price Changes and Volatility Across International Stock Markets [J]. Review of Financial Studies, 1990, 3 (2): 281-307.

[71] HAMILTON J D, SUSMEL R. Autoregressive Conditional Heteroskedasticity and Changes in Regime [J]. Journal of Econometrics, 1994, 64 (1): 307-333.

[72] HARVEY C R, HUANG R D. Volatility in the Foreign Currency Futures Market [J]. Review of Financial Studies, 1991, 4 (3): 543-569.

[73] HONG Y. A Test for Volatility Spillover with Application to Ex-

change Rates [J]. Journal of Econometrics, 2001, 103 (1): 183-224.

[74] JUNG R C, MADERITSCH R. Structural Breaks in Volatility Spillovers between International Financial Markets: Contagion or Mere Interdependence? [J]. Journal of Banking and Finance, 2014, 47 (10): 331-342.

[75] KAVLI H, KOTZE K. Spillovers in Exchange Rates and the Effects of Global Shocks on Emerging Market Currencies [J]. South African Journal of Economics, 2014, 82 (2): 209-238.

[76] KENOURGIOS D, SAMITAS A, PALTALIDIS N. Financial Crises and Stock Market Contagion in a Multivariate Time-varying Asymmetric Framework [J]. Journal of International Financial Markets, Institutions and Money, 2011, 21 (1): 92-106.

[77] LI X, MA E, QU H. Knowledge Mapping of Hospitality Research-A Visual Analysis Using CiteSpace [J]. International Journal of Hospitality Management, 2017, 60: 77-93.

[78] LOUZIS D P. Measuring Spillover Effects in Euro Area Financial Markets: A Disaggregate Approach [J]. Empirical Economics, 2015, 49 (4): 1367-1400.

[79] MALIK F, HAMMOUDEH S. Shock and Volatility Transmission in the Oil, US and Gulf Equity Markets [J]. International Review of Economics and Finance, 2007, 16 (3): 357-368.

[80] MARTENS M, POON S. Returns Synchronization and Daily Correlation Dynamics Between International Stock Markets [J]. Journal of Banking and Finance, 2001, 25 (10): 1805-1827.

[81] MCALEER M, HOTI S, CHAN F. Structure and Asymptotic The-

ory for Multivariate Asymmetric Conditional Volatility [J]. Econometric Reviews, 2009, 28 (5): 422-440.

[82] MCMILLAND G, RUIZ I. Volatility Dynamics in Three Euro Exchange Rates: Correlations, Spillovers and Commonality [J]. International Journal of Financial Markets and Derivatives, 2009, 1 (1): 64-74.

[83] NUCCI F. Cross-Currency, Cross-Maturity Forward Exchange Premiums as Predictors of Spot Rate Changes: Theory and Evidence [J]. Journal of Banking and Finance, 2003, 27 (2): 183-200.

[84] RAPP T A, SHARMA S C. Exchange Rate Market Efficiency: Across and within Countries [J]. Journal of Economics and Business, 1999, 51 (5): 423-439.

[85] RUIZ I. Common Volatility Across Latin American Foreign Exchange Markets [J]. Applied Financial Economics, 2009, 19 (15): 1197-1211.

[86] SKINTZI V D, REFENES A N. Volatility Spillovers and Dynamic Correlation in European Bond Markets [J]. Journal of International Financial Markets, Institutions and Money, 2006, 16 (1): 23-40.

[87] TAYLOR M P. The Economics of Exchange Rates [J]. Journal of Economic literature, 1995, 33 (1): 13-47.

[88] YILMAZ K. Return and Volatility Spillovers Among the East Asian Equity Markets [J]. Journal of Asian Economics, 2010, 21 (3): 304-313.

跋

本书是我专注于汇率风险跨境传染研究领域所取得的阶段性成果，写作的过程正如窗外细密的小雨一般婉转绵长。数年前，许多前辈和同行善意地规劝我不要再继续国际金融研究，可以转向与云南边疆民族地区经济发展更加契合的金融扶贫问题，但相关研究基础的薄弱不足以支撑我开辟出一片边疆金融研究"蓝海"，以至于屡屡碰壁，掉落进迷茫和焦虑的泥淖之中。痛定思痛之后，我决定继续深挖早期的研究方向——汇率波动风险。自此以后，我不时地有思想的小火花闪现出来，本书的写作得以持续进行，研究成果一点点累积起来，自己也多了些淡定和自信。回顾这段历程，我深感坚守初心之于学术研究的重要性，也唯有抱定"咬定青山不放松"的决心，方能在荆棘坎坷的学术道路上行远致深。

在本书付梓之际，特别感谢单位同人给予的提携和帮助，感谢家人的默默陪伴和宽容谅解，特别是我的孩子们，他们的稚嫩脸庞和欢声笑语总如春风化雨，能消融掉我心中郁结的负面情绪，给我注入坚持的力量。

秋意正浓，银杏梳妆，美妙的时节正待品鉴。

杨玲玲

2021 年 10 月 21 日于昆明呈贡